다윈,
밀림에 가다

탐 철학 소설 33

다윈, 밀림에 가다

초판 인쇄	2017년 10월 5일
초판 발행	2017년 10월 10일

지은이	김하나

책임 편집	김하늘
마케팅	강백산, 강지연, 김가연
디자인	이정화
표지 일러스트	박근용

펴낸이	이재일
펴낸곳	토토북

주소 04034 서울시 마포구 양화로11길 18 3층 (서교동, 원오빌딩)

전화 02-332-6255 | 팩스 02-332-6286

홈페이지 www.totobook.com | 전자우편 totobooks@hanmail.net

출판등록 2002년 5월 30일 제10-2394호

ISBN 978-89-6496-353-1 44100

ISBN 978-89-6496-136-0 44100 (세트)

- 이 책의 사용 연령은 14세 이상입니다.
- 탐은 토토북의 청소년 출판 전문 브랜드입니다.

다윈,
밀림에 가다

김하나
지음

33

탐
철학
소설

탐

차례

우리는 끊임없이 질문하며 삽니다. '오늘 저녁엔 뭘 먹으면 좋을까?', '나는 왜 햄버거보다 파스타를 더 좋아할까?', '친구가 퉁명스럽게 말하면 나는 왜 마음이 아플까?' 등등 여러 질문에 답을 하면서 우리의 내면세계는 구성됩니다. 우리가 어떤 질문을 하든, 그 질문은 크게 세 주제로 나뉩니다. '나는 누구인가?', '자연(사회도 포함)은 어떻게 구성되고 운영되는가?', '신은 존재하는가?'. 우리의 모든 생각은 이 세 가지에서 출발하는데 철학의 세 가지 주제 또한 나(인간), 자연(사회), 신으로 정리할 수 있습니다.

이런 질문을 통해 우리는 자신의 내면과 나의 환경을 점검하고 생각하게 됩니다. 우리는 인식하든 하지 못하든 인간과 자연에 대해 끊임없이 질문하고 있으며, 그 기원에 대해 궁금증을 갖게 됩니다.

지금껏 인류는 인간이든 자연이든 존재의 기원에 대한 답을 두 방향에서 찾았습니다. '신이 만들었다'와 '신은 없으며 우연히 존재하게 됐다.' 서양의 중세 시대에는 인간도, 자연도 신이 만들었다고 믿었습니다. 하지만 십자군 전쟁이나 르네상스 운동 같은 다양한 계기를 통해서 이 믿음에 균열이 가기 시작합니다. 신 중심의 세계가 인간 중심의 세계로 이동하는 것이지요. 이 시점에서 찰스 다윈은 '진화론'을 얘기했습니다. 진화의 핵심인 자연선택은 신이 없이도 인간과 자연은 자연의 선택을 통해 진화해서 존재하게 됐다는 이론입니다. 사람들의 사고방식에 일대 혁명이 일어난 것이지요. 사람들은 진화론을 바탕으로 인간과 자연을 인식합니다. 인간과 자연의 기원을 체계적으로 정리한 다윈의 '진화론'은 그래서 우리가 꼭 알아야 할 이론입니다.

이 책을 통해 찰스 다윈의 《종의 기원》을 중심으로 자연선택에 대해 여러분의 이해를 돕고자 노력했습니다. 오늘날 우리를 둘러싼 생태계의 다양한 생물 종들은 공통 조상을 두고 각자 속한 환경에서 다양한 모습으로 진화한 결과 존재한다는 다윈의 이론에서 '자연선택' 개념은 가장 핵심을 차지합니다. 물론 다윈은 자연선택으로 설명되지 않는 현상은 성선택이란 개념을 통해 이론을 보완하고 더 단단하게 만들었습니다. 다윈은 다양한 생물들의 사례를 관찰하고 분석해 이 두 개념의 과학성을 더 체계화합니다. 이 책을 읽고 다윈이 얘기한 자연선택 개념을 잘 받아들이고 자연과 인간에 대한 이해가 더욱 깊어지길 바랍니다.

책을 쓰면서 디즈니나 픽사의 애니메이션을 보고 캐릭터와 플롯을 분석해 참고했습니다. 마냥 재밌게만 봤던 〈벅스 라이프〉, 〈겨울왕국〉, 〈라푼젤〉에 등장하는 주인공들의 공통점을 찾아보았습니다. 바로 주인공들의 개성이 누군가에 의해 억압을 받는다는 사실이죠. 그리고 주인공들은 어떤 사건들을 통해 자신의 개성이 소중하다는 사실을 깨닫고 자유롭게 됩니다. 청소년기를 지나고 있을 여러분도 자신만의 고유한 캐릭터가 때론 학교 성적으로, 친구들의 왜곡된 시선 등으로 억압받고 있을 것 같습니다. 저 또한 그랬으니까요. 이 책의 주인공 갈로핑의 성장 과정을 통해 여러분도 자신의 억압된 개성을 발견하고 공감하고 위로받고 자신을 있는 그대로 긍정하는 용기를 얻었으면 좋겠습니다. 억압된 개성이 언젠가는 여러분에게 큰 보물이 될 것입니다.

집필하는 동안 기도해 주시고 용기를 주신 부모님께 감사드립니다. 또한, 아낌없는 조언을 통해 더욱 좋은 글이 되도록 애써 주신 김하늘 팀장님께도 감사드립니다. 부족한 글이지만 이 책을 통해 여러분의 인생이 의미 있는 시간으로 채워지길 바랍니다.

가을의 문턱에서
김하나

1

밀림의
고층 빌딩

자신 있게 두 손을 하늘 높이 뻗었다. 하늘을 찌를 듯이 뻗은 내 팔은 무척 길다. 짧은 내 몸에 비하면 너무 길어서 누구나 비정상이라고 여긴다. 하지만 지금 그런 건 내게 아무런 의미도 없다. 이미 기분이 최고다. 이 기분을 온몸으로 표현하고 싶다. 하늘로 쭉, 두 팔을 뻗은 채 손뼉을 치며 깡충깡충 뛰어 본다. 그래, 어디 한번 높이 뛰어올라 볼까? 발을 딛고 있는 나뭇가지에서 건너편 나뭇가지로 폴짝 뛰었다. 노래가 절로 나온다.

"걱정을 두 손에 실어 하늘 위로 던져 버려!"

투수가 야구공을 던지듯 내 걱정을 주먹에 꽉 쥐어 허공에 냅다 던졌다. 야호, 너무 신난다. 맘껏 소리 질러! 무거웠던 마음, 모두 하늘 위로 던져 버려! 나도 모르게 신이 나서 어깨를 들썩이며 웃었다. 꼬리가 출렁거리며 흔들리는 내 몸의 균형을 잡아 줬다. 무게 중심을 잡아 주는 꼬리 덕분에 나는 잘도 뛰어다닌다. 폴짝폴짝 이 나무에서 저 나무로, 저 나무에서 이 나무로.

4층을 뛰어다니는 이 순간만큼은 내 긴 팔도, 두 다리도 아주 자유롭다. 나뭇가지들이 복잡하게 엉켜 있는 밀림의 3층에서는 맛보기 힘든 즐거움이다. 자유로운 지금 이 순간, 나의 마음을 속으로만 생각하지 않고 힘차게 외쳤다.

　"그래, 난 이상하지 않아. 만세!"

　꺽꺽대듯이 쇳소리 같은 나의 외침이 쩌렁쩌렁 저기 저 먼 하늘에 가닿는다. 속이 다 후련했다. 몸이 가뿐해졌다. 마음도 깃털처럼 가볍다. 이 기분을 계속 이어가 볼까? 홀가분한 마음을 가득 담아 두 손을 쭉 뻗었다 싶은 순간, 하늘 위 구름을 잡은 것 같은 가벼운 느낌이 너무 짜릿했다. 최고다. 내친김에 한 번 더 뛰어 보는 거야, 요이 땅!

　앗! 너무 높이 뛰었다. 공중에서 몸이 휘청댄다. 어, 불안하게 나뭇가지를 붙잡는다. 떠나온 나뭇가지를 있는 힘껏 박차고 뛰어서인지 착지와 동시에 새로 잡은 나뭇가지가 상당히 휘는 느낌이 들었다. 휘청하는 순간, 몸보다도 한참 긴 내 팔이 공중에서 허우적거렸다. 어지러움을 느낌과 동시에 짧은 다리 또한 나뭇가지 위에서 이리저리 갈팡질팡 어디를 디뎌야 할지 모르고 허우적댔다.

　이런, 너무 높이 뛰었다. 이러다 1층으로 곤두박질칠 기세다. 이 위급한 순간에 세구란사(포르투갈어로 완전, 무사, 안심, 마음 든든함이라는 뜻)아줌마들의 이야기가 생각나는 건 왜일까? 나뭇가지에서 뛸 때는 항상 먼저 튼튼한 나뭇가지인지 확인하라고 하셨는데, 너무 신이 난 나머지 또 나뭇가지를 확인하는 걸 잊어버렸다. 다급한 마음에 두 다리에 힘을 꽉 주고 발가락으로 나뭇가지를 움켜잡으니 가지를 축 삼아 몸이 한 바퀴 뱅그르르 돌았다. 재빠르게 꼬리를 사용해서 겨우 무게 중심을 잡았다. 그런 다음 발바닥과 발가락을 이용해 다시 한번 나뭇가지를 꽉 붙잡았다. 간신히 나뭇가지 위에 섰다. 정말 다행이다. 떨어지진 않겠다. 너무 놀랐는지 두 다리가 후들거렸다.

그러나 문제는 다리가 아니라 팔이었다. 누구보다 긴 팔은 갈피를 못 잡고 미친 듯 휘청거리고 있었다. 꼴사나운 춤사위가 또다시 시작됐다. 맙소사, 멈추고 싶지만 이미 내 팔은 뇌의 명령 따위는 안중에 없다는 듯 휘청거렸다. 정신없는 춤사위에 머리도 어지러웠다. 지끈지끈 두통이 찾아왔다. 그보다 큰 문제는 아까 하늘 높이 던졌던 무거운 마음이 다시 내게로 떨어졌다는 점이다. 마음이 착잡했다. 기분이 몹시 가라앉았다. 춤추기 전에 했던 생각이 내 마음속에 다시 들어왔다.

'역시, 난 이상해. 너무 긴 팔 때문에 꼭 술 취한 것처럼 휘청거리는 것이 얼마나 꼴사나워 보일까? 이러니까 늘 놀림을 받는 거야. 안전한 나뭇가지 하나 고르지 못하는 것도 매번 문제야. 아빠도 그랬고, 형도 그랬어. 세구란사 가족들의 말이 틀린 게 하나도 없잖아. 그래, 역시 난 이상한 애야.'

그렇다. 나는 애다. 그것도 아주 이상한. 다섯 살이면 슬슬 어른이 되어야 하는데 키도 또래보다 한참 작고 괴상하게 팔만 긴 애다. 이런 외모 때문에 어릴 때부터 많은 놀림을 받았다. 무리의 또래 친구들을 보면 다섯 살쯤 되면서부터는 슬슬 짝을 찾아 가정도 꾸리고 예쁜 아이도 낳기 시작했다. 하지만 나는 이상하게 긴 팔과 외모 때문에 다른 암컷들의 눈길을 받기는커녕 그들에게 말도 한 번 걸어 보지 못했다.

그것뿐인가? 보는 이들로 하여금 걱정부터 자아내는 실수투성이 존재였다. 나뭇가지 사이를 뛰는 것은 잘하지만 팔 때문인지 착지를 해도 무게 중심을 잘 못 잡고 늘 비틀거렸다. 균형을 잘 못 잡아서 휘청거리지만 그나마 꼬리가 팔 만큼이나 길어서 지금까지 무사했을 뿐이다. 하지만 팔과 꼬리가 모두 남들보다 훨씬 길다는 것은 나를 더욱더 세구란사에서 놀림거리가 되게 할 뿐이었다. 끙, 우리 무리, 세구란사 식구들은 불안하고 걱정스러운 눈빛으로 나를 항상 바라봤다. 우리 무리가 이동할 때마다 다섯 살이나 된 나를 짐처럼 여기는 그들은 자신들의 생각을 눈빛으로 표현했다. 그들의 눈빛은 금세 내 마음에 와서 쏙 박히게 마련이었다. 마치 원주민들이 쏘는 날카로운 화살처럼.

우리 무리에서 다섯 살이면 슬슬 암컷과 사귈 나이였다. 즉 성년이란 얘기다. 두 살까지는 엄마 등에 업혀 지내며 엄마가 모든 것을 다 해 주지만, 서너 살이 되면 홀로 움직일 수 있는 나이이므로 엄마에게서 떨어져 살아야 했다. 그래도 그 나이까지는 무리에서 아줌마들과 누나들의 관심과 보살핌을 받는다. 아직은 어리기 때문이다. 그러나 다섯 살이 되면 얘기가 달라진다. 어른 대접을 받는다.

하지만 나는 정반대였다. 혹시라도 무리에서 떨어져 맹수에게 잡아먹히지나 않을까 늘 우려 섞인 눈빛을 받으며 지냈다. 게다가 다섯 살이나 되었는데도 나뭇가지에서 제대로 된 착지를 못 한다는 평가는 우리 무리에서는 정말 큰 문제가 아닐 수 없었다. 덕분에 나는 우리 무리에서 항상 골칫거리로 통했다.

그뿐 아니라, 나는 나보다 어린 수컷들이 내 앞에 와서 다 큰 몸을 이리저리 보여 주며 으스대는 꼴을 감당해야 했다. 자존심이 무척 상했다. 그럴 때마다 녀석들을 패 주고 싶었지만, 착지 때마다 괴상한 춤을 춰 대는 지금의 내 모습으로는 녀석들이 으스대는 꼴을 막아 낼 도리가 없었다. 그런 대접, 정말 끔찍할 만큼 싫었다.

그중에서도 가장 심각한 문제는 아까도 말했듯이 무리에서의 이탈은 곧 누군가의 먹이가 된다는 점이었다. 아마존의 열대 우림. 그 안에서 이곳저곳에 사는 원주민이나 재규어 같은 포식자에게 잡히거나 죽임을 당한다는 말이다. 생존을 위한 경쟁에서 하루하루를 버텨야 하는 세구란사에서 단 하나라도 이탈자가 생겨 처참한 변사체로 발견됐다는 얘기가 퍼지는 날이면 무리의 모든 이들에게 공포가 전달된다. 그런 날은 모두가 끔찍한 경험을 한 것처럼 침울하고 말이 없었다. 어쩌면 우리가 무리를 지어 사는 이유는 그런 이탈로부터 오는 공포를 이겨 내려고 하기 때문인지도 모르겠다.

어쨌든, 착지를 한 다음 출렁출렁 제멋대로 휘청대는 기다란 양팔과 짧은 다리로 갈팡질팡하는 모습을 세구란사 무리가 보는 날에는 한바탕 웃음꽃이 폈다. 여기저기서 깔깔거리며 나를 향해 손가락질을 하며 배꼽을 잡고 웃었다. 처음에는 멋쩍어서 화가 나다가도 결국엔 나도 웃어 버리며 장난스럽게 상황을 넘겼다. 다들 한편으로는 내가 떨어질까 봐 걱정하다가도 안도하는 마음이 더 크니까 같이 웃어 주는 게 아닐까? 때론 이런 세구란사가 고맙기도 했다. 이런저런 많은 이야기들이 있지만 결국에는 우리 모두 장난기 많고 유쾌한 무리라는 생각이 든다.

내가 그들과 같이 웃는다고 해서 모든 문제가 해결됐다는 것은 아니다. 밤이 되면 웃음 뒤로 숨었던 마음이 다시 얼굴을 들었다. 마음 한편에서 쓸쓸한 기분이 일어났다. 잠을 청할 때마다 나뭇가지 사이를 스치고 지나가는 바람이 마치 내 마음을 훑고 지나가는 것 같아서 무척 외로울 때가 많았다. 내가 보여 주는 웃음 뒤에는 사실 말로 표현 못 할 엄청난 스트레스가 숨어 있었다.

"착지를 제대로 못 하면 포식자에게 제일 먼저 잡아먹힌다!"

세구란사의 아줌마들과 누나들에게 잔소리를 들을 때마다 혼잣말로 늘 중얼거렸다.

'나도 안다고!'

큰소리로 외치고 싶었지만, 입속에서만 맴돌 뿐 입 밖으로 크게 소리쳐 본 적은 없었다. 솔직하게 엄두가 나진 않았다.

우리 무리의 대장은 암컷이다. 우리 무리에서는 암컷에게 잘 보여야 발정기 때 선택받을 수 있기 때문이다. 암컷은 수컷보다 성장이 빠르고 철도 먼저 들었다. 암컷은 세 살쯤이면 슬슬 엄마가 될 나이였다. 그래서 어른으로 대접을 받았다. 여러모로 암컷이 수컷보다 빠르긴 정말 빨랐다.

어릴 때부터 주변에서 항상 말하기를 엄마가 1년도 채 안 된 나를 더는 업고 다니지 못해서 내가 칠칠치 못한 거라고 했다. 정말이지 하도 들어서 귀에 딱지가 앉겠다. 엄마의 보살핌을 제대로 못 받고 자란 것도 사실이고, 또래보다 작은 것도, 어떤 암컷에게도 관심을 못 받는 것도 전부 다 사실이었다. 많은 암컷이 있지만, 특히 벨라(포르투갈어로 아름다운 여성, 예쁜 여자라는 뜻)의 관심을 못 받을 때면 내가 참 한심하다는 생각이 들었다. 이런 나를 나는 어떻게 해야 할까? 휴…… 정말이지 답이 없다. 정말 없단 말이다. 고개를 가로저으며 한숨을 쉬었다.

한숨이 깊은 날, 이런저런 생각 때문에 마음이 복잡한 날, 숨쉬기가 힘들고 너무 답답한 마음이 드는 날, 그런 날은 모든 것이 하늘을 향해 뻥 뚫린 4층으로 갔다. 그러면 내가 두 팔을 휘청거리는 것도 두 다리를 갈팡질팡하는 것도 아무에게 들키지 않고 맘 편하게 움직일 수 있었다. 그러다 보면 어느새 뻥 뚫린 하늘만큼이나 내 가슴도 뻥 뚫렸다.

오늘도 새벽 동트기 전에 4층으로 가려고 나뭇가지를 오르기 시작했다. 슬금슬금 눈치를 보면서 무리를 빠져나왔다. 요즘 부쩍 감시가 심해서 빠져나오는 게 만만치 않았다. 무리에서 한참 떨어진 걸 확인하니 안심이 되었다. 드디어 튼튼한 나뭇가지를 발견했다. 항상 하는 실수는 다시 하고 싶지 않아 호흡을 가다듬고 두 팔과 다리에 힘을 꽉 주었다. 펄쩍 널리 뛰었다. 아무도 보고 있지 않아서일까? 무사히 착지했다. 자신감이 생겼는지 이번에는 아까보다 더 떨어진, 내가 있는 곳과 상당히 떨어진 나뭇가지로 팔을 쭉 뻗었다. 상쾌한 아침 공기처럼 몸이 가벼웠다. 폴짝폴짝 뛰면서 밀림의 나무들이 제각기 뿜어내는 상쾌한 산소를 한껏 들이마셨다. 태양이 솟아오르는 하늘을 보는 건 언제나 너무 가슴 벅찬 일이었고 답답한 내 마음에 주는 선물이었다. 나뭇잎도 없고 눈을 가리는 것이 하나도 없는 하늘로 향하는 순간만큼은 세상 근심 걱정이 밀림 저 아래로 떨어진 것처럼 한껏 가뿐했다. 나는 이 순간을 사랑한다. 하늘이 훤히 보이는 이곳에서 나무를 타면 나는 자유롭게 날아가는 새가 된 것 같았다.

뻥 뚫린 밀림의 꼭대기에 올라와서 보는 열대 우림, 다른 말로 표현하면 비숲(雨林(우림)의 한글)이라 불리는 이곳은 세상 끝까지 이어질 것처럼 아주 길고 광활하다. 이 밀림을 따라서 세상 끝까지 가 보고 싶은 생각이 늘 마음 한구석에 자리 잡고 있었다. 그러면 내가 남들보다 작은 것도, 유난히 팔이 길어 놀림을 받는 일도, 다섯 살이지만 어떤 이성도 내게 관심이 없다는 사실도, 먼 곳으로 가면 모두 별일 아닌 것이 될 것 같았다. 그렇게 새로 시작해 보고 싶었다. 내 가치를 알아봐 줄 다른 세상이 있을 것만 같았다. 생각이 꼬리를 물고 이어지는 뻥 뚫린 이곳은 밀림의 지붕이라 불리는 캐노피[1]다. 나만의 펜트하우스[2]라고나 할까? 아무도 모르는 이 공간에만 오면 없던 용기가 마구 샘솟는다. 참, 그리고 내 이름은 갈로핑(포르투갈어로 장난꾸러기라는 뜻)이다.

아까도 말했지만 여기는 아마존강의 열대 우림이다. 비가 엄청나게 내리고, 그 비를 머금고 생겨난 거대한 숲이 바로 내가 사는 곳이다. 바로 그 숲을 캐노피에서 바라보면 끝없이 펼쳐진 푸른 나무들이 꼭 초록 색깔 양탄자 같다. 때론 나무들이 지평선 너머까지 이어지는 모습이 꼭 몽글몽글 피어난 브로콜리 같기도 하다. 아침에 4층에서 바라보는 비숲은 밤새 산소를 잔뜩 뿜어내 안개가 자욱한 신비의 장소처럼 몽환적이다. 어쨌든, 녹색으로 끝없이 펼쳐지며 지평선이 보이는 하늘과 맞닿은 이곳도 까맣게 흐르는 아마존강과 만나면 잠시 숨 고르기에 들어간다. 달리기 선수가 잠시 숨을 고르듯 녹색으로 꽉 찬 시야를 까만 강이 시원하게 뚫어 준다고나 할까.

거대한 밀림 사이를 흐르는 아마존강의 지류인 네그루강은 강물 빛깔이 검은 편이다. 식물의 부식물들이 강에 녹아 갈색빛을 띠기 때문이다. 아마존강은 많은 지류를 지니며 라틴 아메리카에 속한 대부분 국가를 가로지른다. 브라질, 베네수엘라, 에콰도르, 페루, 볼리비아, 파라과이, 정말 많은 국가에 걸쳐 있다. 이 나라 중에서 아마존강 대부분은 브라질에 속한다. 지류 중에서는 브라질에 속한 네그루강과 솔리몽에스강이 유명하다. 흙탕물 색 때문에 상대적으로 하얀 색을 띠는 솔리몽에스강은 하얀 강이라 불린다. 반면에 낙엽이 녹아 갈색을 띠는 네그루강은 검은 강이라 불린다. 두 강은 브라질의 마나우스[3] 근처에서 합류하는데, 한동안 합쳐지지 않고 몇 킬로미터를 따로 흐르는 모습이 장관이어서 많은 사람이 이 모습을 보기 위해 마나우스를 찾는다. 브라질 아마존강의 최대 도시는 마나우스이고 그곳에서 북쪽으로 한참을 가면 바로 내가 속해 있는 세구란사 무리를 만날 수 있다.

우리 무리의 이름은 세구란사다. 대대로 그렇게 불렸다. 누가 지어 줬는지 언제 만들어졌는지는 모르지만 우리는 태어날 때부터 우리 무리를 세구란사라 부르며 다른 무리와 구별 지으며 살아왔다. 먹이를 찾아 우리는 아마존강에 둘러싸인 밀림을 정처 없이 떠돌았다. 해가 뜨면 움직이고, 배고프면 멈춰 서서 나뭇잎을 먹거나, 나무 열매를 따 먹었다. 때론 조그만 곤충도 먹었다. 해가 지면 함께 모여서 서로 껴안은 채로 나무 위에서 무리 지어 잤다. 무리에서 떨어져 나가는 것은 곧 죽음을 뜻하기 때문에 우리는 늘 함께 다녔다.

가족이자 나를 지켜 주는 세구란사 무리는 오백 마리쯤 모여 살았다. 그 수가 좀 많은 편이긴 했다. 가끔 다 큰 성년의 수컷 몇몇이 무리를 떠나 독립해서 또 다른 무리를 형성하기는 하지만, 대체로 이 숫자를 계속 유지해 왔다. 그리고 세구란사 무리가 사는 곳은 정확하게 말하면 지금 내가 혼자 올라와 있는 여기 4층은 절대 아니다. 아마존 밀림의 거대한 나무 빌딩 속 3층을 무리 지어 함께 이리저리 돌아다니며 산다.

이런, 주절주절 설명하다 보니 여기에 올라온 사실을 세구란사에 알리지 않았다는 사실이 마음을 쿡쿡 찔렀다. 아줌마들이 알게 되는 날이면 또 한바탕 혼이 날 것이다. 그 생각을 하니 벌써 끔찍하고 답답하다. 정신없이 오느라고 의식하지 못했는데 벌써 해가 많이 떠올랐다. 누구라도 눈치채기 전에 빨리 내려가야 한다.

아, 그리고 내 설명을 하지 않았는데, 내가 누구냐면 바로 커먼다람쥐원숭이다.[4] 따라서 세구란사는 커먼다람쥐원숭이(이하 원숭이라고 함)가 모인 무리라는 뜻이다. 아마존 밀림에서 자주 볼 수 있는 흔한 무리 중 하나인데 내 입으로 말하기 조금 그렇지만 우리는 작고 귀엽다. 대대로 귀여웠다. 귀여운 외모를 말하자면 어깨 부분은 올리브색을 띠고 등과 팔다리 쪽은 누르스름한 주황색을 띠는데, 정말 아름답다. 아름다운 몸 색깔은 나뭇잎과 나뭇가지들의 빛깔과 어우러져 밀림과 조화를 이루면서 동시에 우리만의 독특함을 나타낸다고 할 수 있다. 우리는 볼수록 매력적이다. 올리브와 오렌지의 오묘한 빛깔이, 검거나 하얀 단조로운 색을 지닌 다른 원숭이 무리와는 다르다. 우리 무리가 지니고 있는 색이 나는 너무 자랑스럽다.

계속해서 외모를 설명하자면, 목과 귀는 하얗고 입 언저리는 검은색이다. 인형처럼 생겼다고나 할까? 얼굴도 인간 어른의 주먹만 하다. 눈썹 부근이 갈매기 모양으로 숫자 3자 모양을 하고 있다. 《서유기》에 나오는 손오공의 이마를 떠올리면 쉽게 우리의 얼굴을 떠올릴 수 있을 것이다. 눈도 동글동글해서 진짜 귀엽고 앙증맞다. 키는 30cm 안팎으로 자란다. 꼬리는 몸보다 4~5cm 더 길다. 꼬리는 나뭇가지를 감지 못해 꼬리로만 나무에 매달려 있을 수 없지만, 이 녀석은 몸이 서 있을 수 있도록 균형을 잡아 주는 역할을 톡톡히 했다.

하지만 보통은 그렇다는 얘기다. 나는 보통보다 아주 아주 작았다. 20cm 조금 넘는 키에도 불구하고 꼬리는 몸의 1.5배 가까이 길었다. 팔도 그만큼 길다는 얘기다. 세구란사 무리에서 단연코 튀는 외모다. 그래도 자신 있게 말할 수 있는데 나도 귀엽다. 작아서 귀엽지만, 또 작아서 맹수나 뱀, 큰 새한테 먹히기도 쉽다는 뜻도 된다. 우리는 이런 포식자들을 발견하면 서로 소리를 질러서 위험을 알려 준다. 우리는 위험을 알려 주는 다양한 언어를 가지고 있다.

아까도 말했지만, 우리 세구란사는 밀림의 3층에 주로 살고 있다. 3층을 따라 이어진 나무를 타고 이리저리 먹을 것을 찾아 떠돌아다닌다. 그런데 한참 설명하다 보니 궁금해지는 부분이 있을 텐데 밀림에 웬 3층이냐고? 사람들은 잘 모르는 것 같다. 아마존 밀림은 1층부터 4층까지 층이 나누어져 있다는 사실을 말이다.

아마존 밀림은 전 세계 생물 종의 40% 이상이 살고 있다. 인간 세계로 치자면 사람들이 빽빽이 모여 사는 거대한 도시라고 할 수 있을 것이다. 아마존강의 밀림은 거대한 나무들이 발 디딜 틈 없이 우거진 숲인데, 나무 한 그루를 빌딩 한 채로 보면 된다. 나무들은 인간이 세웠다는 마천루 빌딩들 못지않다. 아니 훨씬 더 거대한 자연의 건축물이다. 이 생물들의 거대한 도시에서 나무 한 그루의 높이는 보통 40~50m 정도이며, 둘레는 상상 초월이다. 50m가 감이 안 온다고? 인간 세계에서는 20층이 넘는 빌딩 높이라고 생각하면 된다. 아마존 밀림 세계는 한 층이 10m다. 인간이랑은 규모가 다르다고 할 수 있다.

몇백 년의 시간을 머금은 숲속의 거대한 빌딩들은 높이에 따라, 바닥부터 10m 정도까지는 1층, 10m에서 20m 사이는 2층, 20m에서 30m 사이는 3층, 30m에서 40m 사이는 4층이다. 층마다 곤충, 이끼, 동물 등 다양한 생물이 서식하는데 층마다 거주자가 다르다.

세구란사는 이 층 중에 주로 3층을 옮겨 다니며 살았다. 3층은 나뭇가지들이 촘촘하게 엉켜 있어 마치 공중에 떠 있는 땅 같다. 우리뿐만 아니라 우리처럼 자그마한 동물이 사는 곳이다. 작은 동물뿐만 아니라 식물 종도 가장 다양한 곳이다. 이곳은 햇살도 잘 들어오고 나뭇가지들이 튼튼하게 엮여 있어 밀림에서 가장 생물의 밀도가 높다. 무성하게 뻗은 가지에 꽃과 과일, 나뭇잎 등 먹잇감이 풍부해서 살기 좋다. 단, 약한 나뭇가지나 썩은 나무줄기를 밟거나 잡을 경우 1층 바닥까지 떨어져 목숨을 잃을 수 있었다. 그래서 세구란사 아줌마들은 나뭇가지를 제대로 확인하고 뛰어야 한다고 늘 잔소리를 해 댔다. 듣기 싫지만 인정할 수밖에 없다.

반면에 이 때문에 우리는 안전할 수 있었다. 1층과 2층에 비해 나뭇가지가 얇아서 위험한 포식자들이 여기 3층까지는 올라오지 못하기 때문이다. 우리는 아나콘다나 재규어 같은 포식자가 제일 무서웠는데 이들 대부분은 몸집이 우리보다 훨씬 컸기 때문에 만약 3층에 올라오게 되면 아래층보다 약한 가지들이 무게를 견디지 못하고 뚝 부러질 위험이 컸다. 제아무리 용맹한 맹수라도 떨어져 죽을 수밖에 없었다. 이 때문에 포식자들이 3층까지 올라와 우리에게 함부로 접근할 수 없었다.

그래서 3층은 우리 같은 원숭이들이 가장 선호하는 삶의 터전이었다. 세구란사 원숭이들은 3층을 벗어나면 큰일 나는 줄 안다. 우리는 태어날 때부터 항상 주의를 듣곤 했다.

"3층을 벗어나면 절대 안 돼!"

"3층을 벗어나면 위험한 깡패들의 소굴이야. 거기 가면 큰일 나!"

이런 당부와 명령을 어릴 때부터 듣고 자랐기 때문에 세구란사에서 '3층을 벗어나면 안 된다.'는 말은 일종의 불문율과 같았다.

하지만 나는 3층에만 머무르는 게 답답했다. 왜 그런지 모르겠다. 밀림의 최상층인 4층은 유일하게 주변 경관을 둘러볼 수 있는 곳이다. 밀림의 지붕, 캐노피라 불리는 4층에 올라 바라보는 밀림의 경치는 너무나 웅장했다. 가슴이 탁 트이고, 답답한 마음이 뻥 뚫렸다. 밀림에서 가장 높은 곳이라 나무들이 섬처럼 솟아 있는데, 바다라는 곳에 있는 섬이 이렇게 생겼을까 싶었다. 나는 이곳에서 풍경을 바라보는 게 좋았다. 여기에도 작고 가벼운 다른 원숭이 무리가 여린 잎을 먹으며 살긴 했다. 하지만 안전하지만은 않았다. 육지의 포식자들이 올라올 순 없지만, 하늘의 포식자인 큰 새들이 활개를 치는 곳이기 때문이었다.

4층에서 3층을 거쳐 바닥으로부터 10m에서 20m 사이의 구역은 밀림 도시, 빌딩 숲의 2층이다. 이곳은 대부분 큰 나무뿌리 바로 위의 두꺼운 밑동으로 이뤄져 있다. 3층의 나뭇잎에 가려 2층은 꽤 어두웠다. 으슥하고 오싹한 기운이 스멀스멀 올라오는 탓에 영 기분이 좋지는 않다. 나도 여기는 싫었다. 그러나 두꺼운 나무 밑동 덕분에 많은 동물이 1, 2층을 오르내리며 살았다. 먹을거리도 풍부했기 때문에 몸집이 꽤 큰 포식자들이 자주 출몰했다. 풍요로운 만큼 위험한 지역이라고 할 수 있다.

2층에서 바닥으로 내려가면 그곳이 1층이다. 바닥부터 10m 높이의 공간이다. 이곳은 밀림 도시의 슬럼가다. 2층보다 훨씬 어두웠다. 3층에 빽빽이 들어선 나뭇잎들이 1층까지 빛을 들여보내지 않기 때문이었다.

이곳에 사는 동물은 포식자이며 어둠의 세력 또는 밀림의 깡패로 불렸다. 만약 여기에 내려가게 되면 나 같은 조그마한 원숭이는 아마 뼈도 못 추릴 것이다. 어른들이 어찌나 겁을 많이 주었는지 가보지 않아도 세상에서 제일 무서운 곳이라는 생각은 지금도 변함없다. 낮도 밤처럼 어두컴컴한 어둠이 깊게 내려앉은 곳. 그 어둠 속에 몸을 숨기고 먹이를 노리는 밀림의 최상위 포식자가 활동하며 사는 곳이다.

1층의 땅은 언제나 축축하게 젖어 있어 질척거렸다. 윙윙거리며 우리 피를 빨아 먹는 흡혈 곤충도 엄청 많았다. 몇백 년 동안 밀림에 자리 잡고 살아온 나무들이 영양분을 다 빨아들여서 토양 또한 매우 척박했다. 그래서일까? 밀림의 생명력은 나뭇가지들이 엉켜 만들어진 공중의 대지, 3층으로 옮겨간 것 같다. 밀림의 신도시가 3층에 마련돼 있는 셈이다. 그 대신 맨 밑바닥 1층은 인간들이 표현하는 대로 말하자면 거대한 슬럼가라고 할 수 있다.

하지만 1층도 거대한 나무 밑동이 또 다른 생물들의 토양이 되어 식물의 줄기나 흰개미, 수액, 덩굴 식물의 열매 등이 자라 먹을거리는 풍성한 편이다. 그곳을 인간이 지나다닌다. 먹이를 찾아 조금 내려갈라치면 여전히 우리에게 화살이 날아오는 곳. 1층은 이렇게 생각뿐만 아니라 경험을 통해서도 오싹하고 위험한 곳이다. 우리가 제일 꺼리는 위험 지대 제1순위다.

나는 가만히 앉아 밀림의 1층부터 4층을 바라보고 생각에 빠져 있었다.

"끼익 끽!"

날카로운 쇳소리가 고막을 찢을 듯이 귓가를 때렸다. 출렁이며 춤추듯이 흔들거리던 몸이 중심을 잡고 웃긴 동작이 끝나갈 즈음이었다. 겨우 제정신이 돌아왔나 싶었는데 이 소리는 뭐지? 아뿔싸, 세구란사 무리에서 굉장히 위험한 적이 나타났을 때 내는 소리였다. 정신을 차리고 주위를 둘러봤다. 저 멀리 내 친구 마리캉(포르투갈어로 나약한 인간이란 뜻)이 아주 빠르게 손짓하며 뛰고 있었다. 아까 그 쇳소리를 내면서 손가락을 하늘로 계속해서 치켜들고 펄쩍펄쩍 뛰고 있었다. 마리캉 저 녀석이 왜 저러나 싶었다. 엉겁결에 마리캉이 치켜든 손가락을 따라 눈을 돌렸다.

앗! 푸드덕푸드덕, 독수리 한 마리가 힘찬 날갯짓을 하며 내게 날아오는 것이 아닌가! 독수리는 내게로 곧바로 돌진하는 중이었다. 쏜살같이 날아오는 독수리의 눈과 내 눈이 마주친 순간, 갑자기 온몸에 힘이 빠지고 몸이 축 늘어졌다. 끔찍한 그 날이 떠올랐다.

'엄마……'

마음속으로 엄마 얼굴을 떠올리며 입술은 나도 모르게 엄마라는 말을 중얼거리고 있었다. 잡혀가면 안 된다는 생각뿐, 몸은 아무리 해도 꿈쩍하지 않았다. 비명이라도 질러 위험을 알리고 싶었지만, 소리는 제대로 나오지 않고 쿵쾅거리는 심장 소리가 목구멍으로 튀어나올 것만 같았다. 온몸에서 식은땀이 흘렀다. 이제 나는 끝이구나.

그때였다. 마리캉이 나를 보며 소리쳤다.

"뛰어, 갈로핑! 여기야 여기!"

아까보다 더 큰 쇳소리를 내며 울부짖다시피 소리치고 있었다.

"정신 차려, 갈로핑!"

순간 마리캉이 있는 3층으로 도망가야 한다는 생각에 정신이 번뜩 들었다.

'이대로 멈춰 있어선 안 돼!'

정신이 돌아온 순간 마리캉이 있는 곳을 향해 비명을 지르며 있는 힘껏 두 팔을 뻗었다. 그리고 서 있던 나뭇가지를 박차고 마리캉이 있는 곳으로 몸을 던졌다.

"으악!"

마음속으로 '제발 나뭇가지야 부러지지 말아다오.'라고 외치면서 혹시나 나뭇가지가 약하더라도 그것이 부러지기 전에 내 몸이 마리캉 근처의 나뭇가지에 닿을 수만 있다면 얼마나 다행일까 생각하면서 눈을 질끈 감았다. 모르겠다. 어떻게 되든지 일단 뛰어야 했다. 그저 운에 믿고 맡기는 방법 외에는 달리 도리가 없으니까. 문득 엄마가 떠올랐다. 왜 떠오르는지 모르겠지만 엄마의 얼굴이 순간 감은 눈앞에 선명하게 보였다. 엄마, 그리운 엄마! 마음속에서 나도 모르는 외침이 튀어나왔다.

'엄마, 나를 지켜 줘요!'

실눈을 떠서 내 상황을 확인했다. 이럴 수가! 굵은 나무덩굴 한 줄기가 나와 마리캉 사이로 떡 하니 보이는 것이 아닌가! 어릴 때 엄마에게 처음 줄타기를 배웠을 때 느꼈던 가슴 벅찬 설렘이 심장을 쿵쾅거리게 했다. 그래, 저 녀석을 잡으면 안전할 거야! 손을 뻗어 덩굴 줄기를 꼭 붙잡았다. 몸을 맡기는 순간 두 손을 꽉 쥐고 덩굴줄기를 필사적으로 붙들었다. 그 순간, 독수리는 내가 뛰어내린 나뭇가지에 거의 부딪힐 뻔했다. 독수리는 간신히 몸을 비틀어 하늘로 치솟았다. 정말 다행이다. 아주 간발의 차이였다. 독수리는 하늘 위에서 날개를 빳빳하게 편 채 발톱으로 허공을 사납게 움켜쥐며 내 위로 거대한 그림자를 드리웠다.

그 짧은 순간. 나는 이 순간이 마치 떠올리기 싫은 그 날 같다는 생각이 들었다. 오늘 내가 겪은 끔찍할 뻔한 일, 자나 깨나 틈만 나면 세구란사 어른들이 그렇게 강조하는 그 날의 일 말이다.

"너도 엄마처럼 될 수 있어!"

"더는 4층에 오르지 마."

항상 나에게 따라붙는 잔소리였다.

잔소리가 귓가를 윙윙거린다. 머리 위로 눈을 들었다. 너른 창공에서 눈을 희번덕거리며 아래를 내려다보는 독수리가 매서운 눈빛으로 나를 쏘아보고 있었다. 온몸에 소름이 돋았다.

나는 왜 어른들의 말을 듣지 않았을까? 그날의 일을 잊을 수 없었다. 아, 나도 엄마 곁으로 가고 싶었던 것일까. 온몸의 긴장이 풀리면서 나도 모르게 눈물이 핑 돌았다.

"갈로핑, 너 또 4층에 올라갔던 거야?"

내 둘도 없는 소중한 친구 마리캉이 걱정이 잔뜩 묻어나는 목소리로 말을 건넸다. 친구를 보자 근처의 나뭇가지에 무사히 착지했다 싶어 꼭 붙들었던 덩굴을 놓아 주었다. 안심한 나머지 생각 없이 덩굴을 툭 놓으니 나에게 붙들려서 긴장했던 덩굴이 진자 운동을 시작한다. 저쪽 먼 나무쪽으로 휙 날아갔다 돌아온 덩굴줄기가 내 뒤통수를 퍽 하고 치더니 다른 편 나뭇가지로 향했다. 덩굴에 한 대 맞았더니 몸이 또 휘청댄다. 아직 반동이 남아 있는 데다 덩굴에 한 대 퍽 맞으니 몸이 가만히 있질 못했다. 나는 마리캉이 서 있는 나뭇가지와 조금 떨어진 나뭇가지를 꽉 잡고 몸을 뱅그르르 돌게 내버려 뒀다. 그런 다음 그 반동을 이용해 마리캉이 서 있는 나뭇가지에 무사히, 척! 착지했다.

마리캉을 보니 놀랐던 마음이 가슴에서 분수처럼 솟구쳐 올랐다. 눈물이 주르륵 흘렀다. 마리캉이 뒤에서 어깨를 다독이며 위로하기 시작했다. 진심으로 나를 걱정해 주는 친구의 마음이 손을 타고 심장까지 전해졌다. 마리캉은 계속해서 등의 털을 골라 주며 놀란 내 마음을 위로해 주었다. 그래도 쉽게 진정이 안 되어서 나는 어깨까지 들썩이며 펑펑 울고 말았다. 눈물은 절대 멈추지 않을 것처럼 서럽게 흘렀다. 어느덧 밀림 너머로 새빨간 노을이 낮을 밀어내고 있었다.

마리캉은 나의 둘도 없는 친구다. 우리는 공통점이 많았다. 둘 다 엄마가 없다. 물론 마리캉이 나보다 상황은 더 안 좋았다. 나에게는 그래도 아빠와 형이 있었지만, 마리캉은 아빠도 안 계신다. 나와 마리캉 둘 다 세구란사에서 천덕꾸러기이긴 하지만 나보다는 마리캉이 조금 더 천덕꾸러기처럼 느껴졌다. 똑같이 사고를 치고 똑같이 장난을 쳐도 아빠, 엄마가 없다는 건 참 불공평하다. 덕분에 마리캉은 홀로 세구란사에서 천덕꾸러기로 살고 있었다.

어른들의 말을 종합해 보면 마리캉의 엄마 아빠는 먹이를 찾아 아래층으로 내려갔다가 사람들이 쏜 화살에 맞아서 둘 다 1층으로 떨어졌다고 했다. 그 뒤로는 소식을 전혀 알 수 없었다. 진짜 죽었는지 아닌지 시체도 찾을 수가 없었다고도 했다. 모두가 죽었을 거라고 단정 지었지만, 시체가 없다는 것이 마리캉에게는 한 가닥 희망이 되었다. 아마도 인간이 부모님을 잡아간 다음 치료해 줬을 것이고 어쩌면 반려동물로 살아가고 있으리라는 것이었다. 왜냐하면, 아까도 설명했듯이 우리는 꽤 귀여운 외모를 지녀서 인간들에게 인기가 정말 많기 때문이다.

천 개의 눈이 오로지 나만 바라보고 있었다. 오백 마리에 가까운 무리의 원숭이들이 거의 다 모였나 보다. 어젯밤에 잠을 잤던 장소 여기저기 나뭇가지 위에 세구란사의 원숭이들이 앉아 있었다. 거기다 수군거리는 소리까지 양념으로 아주 잘 들렸다. 아침 일찍 몰래 빠져나와 4층에 올라갔던 것인데, 그사이 다 내 얘기를 알고 있었다.

가운데 나무 둥치 위엔 세구란사의 대장 아주머니가 앉아 있었다. 마리캉이 내 손을 잡고 대장 아줌마 앞으로 이끌었다. 얼굴이 화끈거려서 고개를 들 수가 없었다. 대장 아줌마의 팔짱을 낀 굵은 팔뚝이 눈에 들어왔다. 이런, 망했다. 정말 안 좋은 징조였다. 그 옆으로 아빠와 형이 보였다. 역시 팔짱을 낀 채였다.

"엄마한테 일어났던 일을 벌써 잊은 거니?"

대장 아줌마가 매섭게 물었다.

"네 엄마가 어떻게 죽었는지 정말 모르는 거니? 다시 한번 얘기해 줘?"

몹시 거칠고 흥분한 목소리로 대장 아줌마는 나를 때릴 듯이 노려보았다. 나는 고개를 푹 숙였다. 당연히 대답할 말 따위는 애초부터 없었다. 거기다 마리캉과 달리 엄마에 대해서 내게 희망은 없었다. 엄마는, 엄마는…… 죽었다. 그것도 내가 보는 앞에서…….

4층을 유난히 좋아했던 엄마는 그날도 나를 안고 4층에 올라갔다. 엄마는 나뭇가지 위에 가만히 앉아서 끝없이 펼쳐진 밀림의 녹색 바다를 바라보고 있었다. 그렇게 한참을 바라본 후에는 내 머리를 아주 따듯하고 부드러운 손으로 쓸어 주며 얘기했다.

"갈로핑, 세상은 아주 넓단다. 너도 언젠가는 저 커다란 밀림 어딘가에서 엄마 품을 떠나 새로운 무리를 만들어 살게 될 날이 올 거야. 언제까지나 우리 무리에서만 살거나 하루하루 먹을 걸 찾는 것으로 만족하는 삶은 살지 않았으면 한단다. 뭔가 네가 꿀 수 있는 꿈을 꿔 보렴."

그렇게 얘기할 때마다 엄마의 눈빛은 왠지 조금은 쓸쓸하고 슬퍼 보였다. 엄마는 늘 멀리 가고 싶었지만, 가지 못했다. 누가 막은 것도 아니지만 세구란사 안에 머물렀다. 엄마의 삶이란 대개는 아이를 낳아 키우고 또 낳고 키우고, 자식들이 있으니 떠날 수도 없는 그런 삶을 뜻하는 것이었다. 떠나고 싶은 꿈보다는 내가 책임져야 할 아이가 있다는 것. 그것이 엄마의 삶이었다. 한 살이었던 나를 애지중지 키워 주었고 내게는 세상 전부였던 엄마, 그 엄마와 함께 올라와 보는 밀림은 너무 아름답고 시원했다.

엄마는 세구란사의 다른 아줌마들과 달랐다. 세구란사 대장 아줌마는 늘 밀림에서 적응해야 한다고 가르쳤다. 생존 경쟁이 치열한 밀림에서 포식자들로부터 살아남는 것이 원숭이 삶의 제일 큰 목표라고 했다. 그래야 자연의 선택[5]을 받을 수 있다고. 반면 엄마에게 밀림은 꿈의 터전이었다. 희망을 품고 미래를 상상할 수 있는 무한한 가능성의 공간이었다.

그날도 다른 여느 날과 똑같았다. 엄마와 함께 4층에서 몽글몽글 브로콜리 양탄자 같은 거대한 아마존강의 밀림을 바라보고 있었다. 밀림. 빽빽한 나무들의 숲. 엄청난 양의 산소를 뿜어내는 나무들 때문에 언제나 안개가 깔리고 하얀 수증기가 가득했던 숲. 그런데 세구란사 무리에서 그렇게 주의 깊게 조심하고 또 조심해야 하는, 일어나서는 안 되는 우려했던 상황이 마침내 그날 엄마와 나에게 일어났다. 4층에 있는 나와 엄마를 향해 큰 새가 갑자기 날아온 것이었다. 전부터 늘 우리 위를 맴돌고 있었지만 크게 위협을 가하거나 공격적인 행동을 하지 않아 안심하고 있었는데 너무 방심했었나 보다.

엄마는 다급한 나머지 나를 재빨리 밀림의 3층으로 떨어뜨렸다. 순식간에 일어난 일이었기 때문에 엄마를 붙잡거나 말릴 수도 없는 상황이었다. 나는 떨어지면서 있는 힘을 다해 세구란사 무리를 향해 소리를 질렀다. 내 소리는 너무 작고 약해서 무리까지 전달되지 못했다. 한 살은 우리 무리에서 엄마가 모든 것을 다 해 주는 나이였다. 아직 엄마 품에서 떨어질 수 없는 시기. 그러나 나는 살아야 했다. 한 살이었던 나는 간신히 나무 덩굴을 잡아 대롱대롱 매달렸다. 그리고 저 멀리 새의 발톱에 잡힌 채 날아가는 엄마를 바라봐야만 했다. 커다란 발톱 사이로 구슬프게 나를 부르며 우는 엄마의 모습이 점점 멀어져 지평선과 맞닿아 사라질 때까지.

뒤늦게 세구란사 아줌마들이 와서 구해 줄 때까지 힘도 없고 뛸 재간도 없던 나는 덩굴을 붙들고 안간힘을 쓰며 대롱대롱 매달려 있었다. 문제는 여기에서 시작된 것 같다. 중력의 법칙이 두 팔에 제대로 작용했는지 그 뒤로 내 팔은 길게 자랐기 때문이다. 몸보다 너무 길어진 팔은 항상 놀림받는 이유가 되었다. 어른들은 나의 지금 외모가 나무를 타서는 안 되는 너무 어린 나이에, 그것도 뜻하지 않은 일로 너무 오랜 시간 덩굴에 매달렸기 때문에 생긴 결과라고 말해 주었다. 엄마가 나를 살리기 위해 3층으로 던졌고 그때 덩굴을 붙잡고 있었는데 덕분에 지금의 내 모습이 되었다고 아주 확신에 차서 결론까지 내렸다. 그 결론은 쉽게 말해 엄마가 4층에 간 것이 잘못이고, 더더욱 나까지 데려간 것이 아주 큰 잘못이었다는 것이다.

세구란사는 4층을 유독 싫어했다. 4층에 올라가는 걸 좋아했던 꽤 많은 원숭이들이 큰 새에게 잡히거나 떨어져 죽었기 때문이었다. 게다가 새에게 잡혀간 후에는 무리가 이동하는 과정에서 얼마 가지 않아 근처에서 꼭 시체로 발견되었다. 큰 새는 자신이 잡은 동물을 먹어 치운 다음 남는 사체를 무리 주변에 버렸다. 아주 잔인하기 이를 데 없었다. 그래서 같은 무리의 원숭이들은 가혹하게 찢긴 채로 버려진 동료의 시체를 볼 수밖에 없었다. 동료의 시체를 보는 것만큼 끔찍한 일은 없을 것이다. 그런데 나는 죽은 엄마의 시체를 보진 못했다. 쉬쉬했지만 엄마 또한 다른 나무에서 발견되었다고 어른들끼리 말하는 것을 들은 적이 있었다. 시신이 훼손된 정도가 너무 끔찍해서 죽을 때 정말 아팠을 거라고 얘기하는 것도 들었다.

이렇게 내가 태어나기도 전부터 4층은 가서는 안 되는 아주 위험한 금지 구역이었다. 그런 곳을 엄마는 나를 데리고 올라갔다. 더 넓은 세상을 보여 주기 위해서. 그런 엄마의 마음과 함께 한 기억 때문인지 나는 4층에 올라가는 것이 너무 좋았다. 한 세구란사 아줌마는 4층을 좋아하는 내 모습이 엄마하고 너무 닮았다고 한 적도 있었다. 하지만 그 뒤에 꼭 덧붙이는 말이 있었다. 너도 엄마처럼 될 수 있으니까 잊지 말고 기억하라고, 엄마처럼 되기 싫으면 4층에 절대 가지 말라고 어른들은 나를 다그치곤 했다. 그 말들을 모조리 무시하고 그동안 신나게 4층에 올라갔는데 결국 어른들 말처럼 위험한 일이 일어날 뻔한 것이다.

그래서인지 오늘따라 엄마가 너무 보고 싶었다. 어쩌면 너무 그리운 나머지, 4층에 가면 엄마의 모습을 더 선명하게 떠올릴 수 있었기에 거기에 가고 싶었던 것은 아닐까.

아주 오랜 시간 세구란사 무리는 회의를 했다. 대체로 내가 잘못했다는 이야기들이 오갔다. 여러 차례의 고성과 다툼도 오갔다. 오죽 엄마가 보고 싶어서 그랬겠냐고 동정하는 이도 있었지만, 그들의 이야기는 금세 묻히고 말았다. 회의가 끝나고 모든 무리 앞에서 대장 아줌마가 판결하기 위해 자리를 잡았다. 판결보다도 먼저 잔소리가 시작되었다.

"오르굴류(포르투갈어로 자랑, 거만, 오만, 자기 자랑을 뜻한다.)! 앞으로 동생 좀 똑바로 챙기지 못하겠니? 헤세이우(포르투갈어로 걱정, 근심, 염려, 두려움을 뜻한다.)도 제발 아들 좀 챙기세요. 왜 수컷들은 육아에 손톱만큼도 도움을 주지 않는 거예요? 우리 암컷들도 저마다 자식이 있는데 갈로핑까지 챙겨야 하다니, 너무 무리하는 거라고 생각하지 않아요? 제발 가정교육을 잘합시다. 부모 없는 아이들도 가뜩이나 많은데 말이야. 심지어 멀쩡하게 아빠와 형이 있는데도 이렇게 통제가 안 되는 건 정말 심각해요!

그리고 갈로핑, 너는 내 말 새겨들어라. 우리가 왜 무리 생활을 하는지 잊었니? 자연은 피도 눈물도 없어. 우리가 무리를 지어서 사는 이유는 간단해. 딱 두 마디로 정리할 수 있지. 생존과 번식. 생존하려면 어떻게 해야겠니? 포식자로부터 안전해야 해. 우리 원숭이 한 마리는 포식자들의 좋은 먹잇감이지만, 이렇게 뭉쳐 있으면 포식자들도 함부로 우리 무리를 건드리지 않아. 그럼 우린 살아남을 수 있지. 자연에 선택될 수 있는 거야. 그리고 우리는 함께 살면서 번식해서 우리 종을 후세에 계속 이어지게 할 수 있어. 너는 자연선택, 적자생존의 규칙을 무시해선 안 돼!"

한바탕 잔소리가 끝나고 드디어 판결하기 시작했다.

"헤세이우와 오르굴류는 책임지고 갈로핑의 4층 출입을 막도록 한다! 만약 이후에도 4층에 가는 일이 생긴다면 갈로핑과 그의 가족을 세구란사에서 추방한다. 갈로핑은 많은 걱정과 염려를 끼쳤기 때문에 3일 동안 밥을 굶는다. 그리고 일주일 동안 무리에서 절대 떨어지지 말도록. 개인행동을 일주일 안에 한 번이라도 하는 순간 무조건 추방이야, 알겠어? 이상!"

대장 아줌마의 판결이 떨어지자 세구란사 무리는 저마다 먹을거리를 찾아 주변으로 흩어졌다. 너무 놀라 배고픈 줄도 몰랐는데 그제야 배가 몹시 고프다는 사실을 깨달았다. 아, 이제 아침을 먹을 시간이다. 여린 나뭇잎이나 과일, 맛난 곤충을 찾아 제각기 무리에서 멀리 떨어지지는 않았지만, 부지런히 자신의 주변을 두리번거리는 동료들을 보면서 침을 꼴깍 삼켰다. 안 그래도 긴 팔을 더 축 늘어뜨린 채 배고픔과 안도의 마음이 교차하는 멍한 눈동자로 하늘을 올려다보았다. 그때 갑자기 내 눈 위로 주먹 하나가 날아오는 게 보였다. 오르굴류 형이었다. 내 머리를 내리쳤다.

"으악! 왜 때려?"

두 손으로 머리를 잡고 형에게 따졌다. 오르굴류는 팔짱을 끼고 한심하다는 표정과 험악한 표정을 번갈아 지으면서 말했다.

"갈로핑! 너는 좀 합리적으로 살아 봐. 목숨 걸고 4층에 갈 일이야? 4층 가면 안전하게 음식을 먹을 수 있니? 먹으려고 오르는 것도 아니고 멍하니 밀림만 바라보면 뭐 하냐고! 바라보고 있으면 밥이 나와? 너는 원숭이의 기본 지침 '자연선택'이 뭔지 아직도 모르냐? 이 덜 떨어진 녀석아! 너 때문에 나까지 내 뜻과는 상관없이 추방될 수도 있잖아! 앞으로 4층에 한 번만 더 가 봐, 아주 가만 안 둘 테야! 1, 2층은 얼씬도 안 하면서 왜 4층은 뻔질나게 드나드는 건데? 아휴, 마음에 안 들어. 거기 가면 엄마가 살아 돌아오기라도 한다니?"

나는 엄마 이야기에 순간 욱해서 대들고 말았다.

"그런 거 아니야! 왜 엄마 얘기는 갖다 붙이는데?"

"이 녀석이 아직도 정신을 못 차렸네! 뭘 잘했다고!"

순식간에 형은 내 머리를 한 대 더 쥐어박았다. 너무 아팠지만 어쩔 수 없었다. 계속 따지다가는 더 큰 벌을 받을 수도 있으니 이쯤에서 참는 수밖에. 뭐, 내가 잘못했으니 할 수 없지. 도대체 자연선택인가 뭔가가 뭐기에……. 입을 삐쭉거렸지만, 결국 나는 고개를 푹 숙일 수밖에 없었다. 엄마 생각 때문에 나도 모르게 눈물이 핑 돌았다. 눈물 한 방울이 또르르 발등으로 떨어졌다.

나와 형은 드문 경우지만 아빠가 같다. 우리 원숭이는 아빠를 모르는 경우도 있다. 수컷들은 육아와 관련된 일에는 별 관심을 두지 않는다. 그래서 세구란사의 살림도, 중요 결정도, 육아도 다 암컷들 몫이다. 아빠와 엄마는 2년간 지내면서 형과 나를 연달아 낳았다. 우리 무리에서는 굉장히 드문 경우였다.

그러나 애석하게도 오르굴류 형과 나는 같은 핏줄이지만 성격은 정반대였다. 형도 나처럼 엄마가 종종 4층에 데리고 올라갔다고 했다. 형은 한 살이 지나 엄마가 안고 다니지 않아도 나무를 잘 탈 수 있게 됐을 때부터 4층 근처는 얼씬도 하지 않았다. 형은 그런 존재였다. 위험한 일은 하지 않고, 언제나 계산적이었다. 지극히 현실적이었다. 자신에게 이익이 되는지 안 되는지 따지는 나름 합리적인 원숭이가 바로 형 오르굴류다. 자연의 선택을 있는 그대로 받아들이는 순응형 원숭이라고나 할까. 하지만 꼭 그런 것도 아니다. 형은 자연선택 안에서 새로운 무리를 꾸리고 싶어하는 야망가이기도 했다. 어쨌든 어떤 면에서는 나도 형의 합리적인 면을 닮아야겠다고 생각은 하지만 영 내키지는 않았다. 재미없고 신나지도 않고 늘 그냥 평범하게 사는 것이 너무 지루해 보였으니까.

반대로 나는 내 기분에 좋으면 묻거나 따지지 않고 그대로 행동하는 편이었다. 가끔 어이없는 행동을 하기도 해서 주변에서는 내가 도저히 이해가 안 간다고 말했다. 뭐 딱히 기분 나쁘지는 않았다. 나도 내가 그런 것 같다고 생각하니까.

"에…… 그러니까…… 항상 첫째도 안전, 둘째도 안전, 셋째도 안전이야. 갈로핑! 너도 형처럼 안전 문제에 신경 좀 써라. 이 거대한 밀림으로부터 선택받지 못하면 바로 소멸이야, 소멸!"

지켜보던 아빠도 잔소리를 해 댔다. 아빠 헤세이우는 솔직히 내가 볼 때 조금 겁쟁이였다. 형보다도 더 안전 제일주의자. 자연선택에 가장 민감한 원숭이였다. 자연에서 생존하지 못하고 번식하지 못

하는 자연 도태를 가장 두려워했다. 아빠는 안전하지 않으면 겁을 먹고 아무것도 시도하지 않았다. 아빠에게는 미안하지만, 솔직히 엄마가 나와 형, 아빠까지 아들 셋을 키웠다고 해도 과언이 아니었다. 엄마가 죽은 후로 아빠는 열 살이 되더니 슬슬 더 겁이 많아졌다. 자신감이 쪼그라들었다고나 할까. 그리고 결정적으로 이제는 암컷들에게서 눈길을 받지 못하는 나이가 된 것이 자신감이 줄어든 가장 큰 원인이었다.

그에 반해 합리적이고 똑똑한 형은 암컷들에게 인기가 많았다. 가만히 있어도 암컷들이 먼저 고백을 하므로 형에게는 연애가 참 쉬운 일이었다. 그 영향인지 오직 어떻게 하면 새로운 무리를 구성해 세구란사로부터 독립할지가 형의 최대 관심사였다. 따지고 보면 엄마가 밀림을 보면서 더 넓은 세상으로 나가고 싶어 했던 이상적인 꿈을 형은 현실적인 공간에서 꾸는 것일 수도 있겠다는 생각도 가끔 들었다. 아빠는 그런 형이 듬직하면서도 못마땅했다. 가끔은 아빠보다 더 똑똑하기 때문인 것 같았다. 아들에게 질투하는 아빠라니. 아무튼, 요즘 아빠는 유독 암컷들 주변을 서성거렸다. 나는 아빠의 그런 모습이 못마땅했고 심지어 어떤 날은 너무 부끄럽기도 했다.

무리가 슬슬 이동할 준비를 했다. 주변의 잎과 열매, 곤충들을 어느 정도 먹었기 때문이다. 우리는 먹을 곳이 있으면 쉬면서 먹고, 배가 차면 움직였다. 그렇게 온종일 돌아다니다 밤이 되면 서로 모여 잤다. 먹이를 찾으러 갈 때도 무리에서 크게 이탈하지 않았다. 우리는 그렇게 밀림 속에서 안전을 추구하며 모여 살고 함께 움직였다. 생존을 위해 모여 살면서 안전을 추구하는 우리의 모습은 피도 눈물도 없는 자연에서 살아남기, 즉 선택받으려는 몸부림이라고 했다. 세구란사의 어른들이.

배고픔과 잔소리에 지칠 때쯤 암컷들이 내 옆을 지나갔다. 한창 이성에 대한 관심이 높고 연애를 할 시기였지만 나는 그러지 못했다. 항상 마음속으로만 '내 고백을 받아 주오!' 외칠 뿐이었다. 고백하는 상상을 했을 뿐인데도 볼이 빨갛게 달아올랐다.

이런 내 모습을 보고 암컷들은 경멸의 눈빛을 보냈다.

"쟤 팔 너무 길지 않아? 이상해."

"다리는 또 왜 이렇게 짧은 거야?"

"쯧쯧쯧, 맨날 사고만 치고 한심하다 얘."

"어쩜, 같은 형제끼리 저렇게 다를까?"

또래 암컷들이 속삭였다. 대놓고 웃으며 손가락질하며 내 앞을 지나갔다. 얼굴이 너무 빨개져서 터질 것 같았다. 아, 어떻게 하지? 부끄럽기도 하고 가슴이 두근거리기도 하고 암컷들의 눈빛이 기분 나쁘면서도 또 아름다운 암컷들을 보니 심장이 쿵쾅거렸다. 그때였다. 누가 내 어깨를 툭툭 쳤다. 마리캉이었다.

"갈로핑! 힘들지? 우리도 그만 움직이자."

역시 마리캉 뿐이었다. 팔을 들고 두 다리에 힘을 주니 몹시 저렸다. 잔소리를 듣는 동안 쭈그리고 있었더니 피가 안 통했나 보다. 거기다 아무것도 못 먹었으니 아마 더 그럴 것이다. 이런 내 모습이 안쓰러웠는지 마리캉이 어깨 부위를 툭툭 쳐 줬다. 피가 잘 통하도록 말이다. 아빠는 어느새 암컷들 뒤를 따라 급하게 자리를 떴다. 오르굴류 형은 무리를 따라 움직이려다 우리를 돌아보았다. 나와 마리캉이 영 못마땅하다는 표정으로. 이동하는 무리 속에서 나는 벨라를 찾았다. 그녀의 뒤통수라도 보고 싶은데 보이지 않았다. 내가 제일 좋아하는 암컷이 벨라다. 예쁜 외모와 아름다운 마음을 가진 벨라. 무리 사이로 한참 들어갔나 보다. 뒤통수마저도 너무 사랑스러운데 아섭다.

[1] 숲의 나뭇가지들이 지붕 모양으로 우거진 것을 뜻한다.

[2] 아파트, 호텔 등의 고층 건물 내에서 맨 꼭대기 층에 위치한 고급스러운 주거 공간이다.

[3] 브라질 북부 아마조나스 주의 주도로, 아마존강 유역 일대의 경제와 문화 중심지이다. 항구 도시로서 아마존강의 지류인 네그루강 연안에 위치한다.

[4] 청서 원숭이라고도 한다. 몸길이는 약 23~37cm, 꼬리 길이는 37~46.5cm이다. 민첩한 행동으로 나무 위에서 생활하며 잡식성이다. 큰 집단을 이루지만 그 구성은 명확하지 않다. 임신 기간은 152~168일이며, 새끼는 한배에 1마리를 낳는다. 사육하기가 쉽고 의학·약학 등의 실험동물로써 이용되고 있다.

[5] 자연선택은 같은 종의 생물 개체 사이에 일어나는 생존 경쟁에서 환경에 적응한 것이 생존하여 자손을 남기게 되는 일을 뜻하는 이론이다. 영국의 생물학자 다윈이 주장했다.

2

로지,
뭐지?

"위이이이이잉, 위이이이이잉!"

숲속의 상쾌한 아침 공기를 가르며 날카로운 전기톱 소리가 귓가를 때렸다. 아침이다. 인간들이 오늘도 공사를 시작했나 보다. 마나우스에서 한참을 들어오는 숲속이라 안심하고 있었는데, 어느새 인간들이 여기까지 와서 로지[6]를 짓고 있었다. 우리 세구란사 무리는 숲의 끝, 네그루강 주변 지역의 나무 위에 머무르고 있었다. 아마 오늘은 다시 방향을 돌려 숲속 깊은 곳으로 돌아갈 것이다. 우리는 밀림을 떠돌다 강을 만나면 건너가지 않았다. 아마존강도 카이만과 같은 악어들이 득실대는 위험한 곳이기 때문이다. 그래서 우리는 방향을 조금 틀어 다시 밀림 속으로 움직일 뿐이었다.

네그루 강가 나무 아래에는 인간들이 공사를 벌이고 있었다. 로지를 짓는 중이었는데 겉으로 보기에는 거의 다 지어졌고 마무리 작업이 한창인 것 같았다. 마나우스에서 꽤 떨어진 이곳까지 이제 곧 여행객이 들어온다는 뜻이다. 숲속의 나무를 베어 인간들이 머무는 숙소를 지었다. 그게 바로 로지다.

　우리가 볼 때 1층은 재개발이 시급한 슬럼가다. 빛도 들어오지 않고 습한 1층이 환하고 깨끗해지려면 아마도 3층에 구멍을 뚫어야 할 것 같았다. 그래야 빛이 땅에 닿을 것이고 1층 분위기가 훨씬 밝아질 것이다. 그래서일까? 인간들은 1층 재개발에 앞장섰다. 그런데 재개발이라고 하기에는 심했다. 인간들은 1층만 바꾸는 것이 아니라 1층부터 4층까지를 전부 무너뜨려 버렸다.

　우리의 안식처, 밀림의 신도시 3층도 여지없이 파괴했다. 그들은 숲을 한 번 갈아엎으면 다시 원래대로 복구가 된다고 생각하는 듯했다. 그러나 밀림에서 몇백 년을 살아남은 나무들이 이미 땅속의 영양분을 다 빨아들였기 때문에 그런 땅에 나무를 잘라내고 다시 씨를 뿌린다고 해도 식물이 자랄 수 없다. 인간들의 행동은 이런 사실을 깡그리 무시하는 행위다. 인간은 자연을 너무 모르면서 얕잡아 보는 오만한 존재다.

　캐노피로 이어지는 3층에는 서로 엉킨 나무들을 중심으로 새로운 생태계가 형성돼 있었다. 1층보다 훨씬 많은 생물이 살아간다고 해도 과언이 아니다. 나뭇가지와 덩굴들이 엉켜 만들어낸 촘촘한 새로운 녹색의 땅이 밀림의 대다수 생물이 살아가는 주요 무대였다. 그러나 인간들은 몇백 년 동안 자라온 나무를 아주 열심히 잘라내고 있었다. 잘라내는 게 힘들면 심지어 숲을 마구 불태워 버렸다. 1층의 땅은 이미 황폐해진 상태라 다시 나무를 심어도 원시림이 되는 데는 백 년 이상이 걸릴 것이다. 당연하게도 우리의 안식처 3층도 사라져 버리고 복구되지 않을 것이다. 우리들의 안식처가 파괴되고 있었다.

네그루 강가에서 방향을 돌려 밀림 쪽으로 움직인 지 며칠이 지났다. 그래도 여전히 네그루 강가 근처에 세구란사 무리는 머물러 있었다. 1층에서 시끌벅적한 소리가 들렸다. 로지가 완성되고 벌써 여행객이 들어오는 소리였다. 세구란사 무리들이 나무 위를 폴짝폴짝 뛰어다니며 여행객들을 구경했다.

우리 원숭이들은 인간을 그리 무서워하지 않는다. 천성이 호기심이 많고 장난기가 많아서였다. 인간들이 밀림 안으로 들어와 1층을 탐험하며 관광할 때가 있는데 우리는 3층에서 이들을 뒤쫓아 다니며 관찰하곤 했다. 가끔 열매를 떨어뜨려 그들의 관심을 끌기도 했지만 가까이 가진 않았다. 여행객은 그나마 괜찮지만 새로운 문화를 받아들이지 않고 살아가는 원시 부족의 인간, 바로 원주민이 쏘는 화살이 늘 복병이었기 때문이다.

여행객을 이끄는 가이드가 칼을 들고 밀림에 길을 내며 걸었다. 가이드가 길을 내느라 잠깐 멈추기라도 하면 여행객들은 카메라 플래시를 터뜨리며 밀림의 풍경을 찍고 위를 보며 또 우리를 찍기 바빴다. 나는 신이 났다. 나름 멋지게 포즈를 취하며 멈춰 있으니까 사람들이 손뼉을 치며 난리가 났다. 어깨를 으쓱하며 나는 참 성격이 좋다고 생각했다. 내가 봐도 난 참 괜찮은 원숭이야. 어느새 나는 괴상한 긴 팔의 내 모습은 잊고 그들의 카메라 세례에 흠뻑 취해 있었다. 박수와 환호 소리에 맞춰 한쪽 팔로 나뭇가지를 짚고 두 다리로 뛰어오르기 같은 고난도 포즈도 취해 줬다. 인간들은 장난 아니라며 신기하다고 난리였다. 나는 무척 신났지만 마리캉은 옆에서 뚫어져라 카메라에 빨려 들어갈 듯 쳐다보고 있었다.

"야, 마리캉. 너 인간한테 빨려 들어가겠는데! 으하하."

나는 그 멍한 모습이 너무 웃겨서 꼬리로 마리캉의 등을 툭 쳤다. 독수리가 지나갈 때 발톱에 꼬리가 긁혔는지 이따금 따끔거리더니 지금도 갑자기 아픔을 느끼고 찌릿 하는 순간 그새 몸의 중심이 흩어졌다. 덕분에 그 우스꽝스러운 특유의 동작이 춤을 추듯 시작되었다. 나뭇가지 위에서 갈팡질팡 발을 움직이며 긴 두 팔을 마구 휘둘렀다. 인간들은 신이 났다. 플래시를 터뜨리며 그 모습을 카메라에 담기 바빴다. 머리가 빙글 돌고 어지러웠지만 내 모습이 누군가를 기쁘게 한다는 사실이 너무 뿌듯하고 인정받는 느낌이 들어 기분이 아주 좋았다. 이런 내 모습을 마리캉이 어느새 보고 있다가 급기야 손으로 입을 가리고 웃기 시작했다. 나는 마리캉과 눈이 마주쳤다. 우리는 한꺼번에 크게 웃음을 터뜨렸다.

이런 둘의 모습을 지켜보던 오르굴류 형은 오늘따라 왠지 초조해 보였다. 나무를 이리저리 왔다 갔다 하면서 안절부절못했다. 늘 오만한 표정과 자신만만한 몸짓의 형 같지 않았다. 웃음을 터뜨리고 배를 움 켜잡고 있는 나와 마리캉에게 형이 조심스럽게 다가왔다. 여느 때보 다 엄청나게 진지하고 심각한 표정으로, 마치 은밀하게 비밀이라도 털어놓을 듯이 다가와 우리 귀에 대고 속삭였다.

"우리, 내일 로지로 탐험 가자."

대박. 엄청난 비밀 맞구나. 뭐라고? 자연에 선택되어야 한다느니, 안 전이 최우선이니 어쩌고저쩌고하더니만, 나를 혼낼 때는 언제고, 게 다가 혼날 때 모른 척하기까지 해 놓고 모험을 떠나? 필요할 때만 데 리고 가려고 해? 그것도 세구란사 아줌마들이 알면 아주 큰일 날 소리 를 하다니. 1층에 가자고? 나도 모르게 큰소리로 외치고 말았다.

"안 돼! 우린 안전한 3층에 있어야 해. 자연의 선택을 받아야지!"

"조용히 해, 갈로핑! 쉿!"

나는 그 모습이 싫어 더 큰 소리로 따졌다.

"1층은 위험하다고 형이 그랬잖아! 실속도 없이 위험한 일 할 필 요 없다고 말이야. 나 4층 금지령 떨어진 거 몰라? 내가 4층 가면 나쁜 짓이고 형이 1층 가는 건 탐험이냐? 뭐야, 이거! 순 엉터리 형이잖아?"

오르굴류 형도 순간 발끈했는지 큰 소리로 대답했다.

"야, 이 바보야! 4층을 가지 말라고 했지 1층을 가지 말라고 했 냐? 그리고 로지가 있는 1층은 슬럼가가 아니야!"

나도 순간 할 말이 막혀 대꾸하지 못했다. 오르굴류 형이 멀뚱히 쳐다보는 나와 마리캉을 번갈아 쳐다보며 조용히 말하기 시작했다.

"인간들이 살기 좋게 다 개발해 놓았다고. 인간들이 있으니까 다른 위험한 포식자들도 접근할 수 없을 거 아냐. 그러면 거기만큼 안전한 곳이 어디 있겠냐? 우리는 적자가 될 수 있어. 자연에서 살아남아 후세에 우리의 모습을 남길 수 있다고! 자연선택, 적자생존 몰라? 이 바보야! 그리고 지금 인간들이 너한테 손뼉 치는 거 봤을 거 아냐. 인간은 우리를 귀여워한다고, 그러니 귀여운 우리에게 먹을 걸 잘 던져주는 거 아니겠어? 잘 생각해봐 힘들게 옮겨 다니며 음식 구할 필요가 있냐고. 난 세구란사에서 독립해 로지에서 살 거야. 내 나이쯤이면 새로운 무리를 지어 나갈 필요가 있다고. 자, 어디 내 말이 틀렸어? 그리고 내가 갈로핑 너와 마리캉, 둘은 특별히 데리고 가 줄게. 언제까지 세구란사 아줌마들의 잔소리만 듣고 살 거야? 나를 따라오면 만사 편하다고. 그러니 답사 차원에서 로지에 같이 다녀오자. 어때, 솔깃하지?"

초초해 하던 형은 그새 자신의 말과 논리에 취해 있었다. 어우, 재수 없어. 흥! 특별히 나와 마리캉을 데려간다고? 진짜 생각할수록 어이가 없다. 겁쟁이. 혼자 가기 무서우니까 우리를 엮으려고 하는 거잖아. 정말 어이가 없다.

원숭이는 보통 수컷들 대여섯 마리가 갈라져 나가서 새로운 무리를 꾸렸다. 오르굴류 형도 빨리 세구란사를 벗어나고 싶어 했다. 자기의 영역을 확실하게 만들고 싶은 것이다. 그리고 그 영역을 로지 근처에서 형성하고 싶은 것이다. 이유는 방금 이야기한 것처럼 먹을 것을 구하기 쉬워서다. 나름 합리적인 생각이긴 하다. 게다가 암컷들에게 인기가 많은데 암컷에겐 별로 관심도 없이 자신의 세계를 만드는 데만 몰두하는 형을 다른 수컷들이 얼마나 싫어하는지 잘 안다. 결국, 그런 갈등을 피하고 자신의 세계를 안전하게 만들고 싶은 것이다. 그 모든 걸 내가 모를 줄 알고? 자기 잘난 맛에 사는 형이 하는 말 따위는 절대 안 들을 테다.

"싫어! 절대 안 가! 특별한 데니까 형처럼 특별한 원숭이가 가야지, 우리처럼 보잘것없는 녀석들이 그런 데를 왜 가? 안 가!"

나와 마리캉은 아직 암컷을 만나 보지도 못했다. 나이만 들었지 어른 구실을 못 하고 있어서 가뜩이나 마음이 힘든데 그저 형의 들러리처럼 살라니 너무 싫었다. 오르굴류 형은 내 나이 때 이미 암컷을 만나 딸도 하나 있었다. 하지만 수컷들이 늘 그렇듯 육아에는 관심이 없었다. 새로운 무리를 꾸려서 새로운 암컷을 차지하고 왕처럼 살고 싶어 하는 이기주의자! 절대 안 간다고!

마리캉도 당연히 나와 같은 생각일 거다. 고개를 돌려 마리캉을 봤다. 그런데 어떻게 된 일인지 마리캉은 입술만 깨물고 선뜻 대답을 못 하고 있었다. 우물쭈물하며 머뭇거리는 마리캉에게서 갈등의 흔적이 보이는 건 뭐지?

"뭐야, 지금? 마리캉, 너 형 말에 고민하는 거야?"

"저기, 그…… 그게 있잖아……"

"내 편 안 들고? 너 지금 형 따라가려는 거야?"

나의 눈이 번뜩이며 확 찢어졌다. 마리캉의 어깨가 더 움츠러들었다. 가뜩이나 소심한데 내 눈치를 보느라 더 작아진 것 같았다.

마리캉은 나랑 동갑이지만 나보다 키가 더 작았다. 물론 팔도 키에 맞춰 짧았다. 나처럼 이상한 비율은 아니어서 나보다 놀림을 더 받거나 하진 않았다. 원체 소심한 녀석이라 어린 것들이 마리캉에게 더 함부로 하긴 했다. 같은 다섯 살인데, 우리 둘 다 세 살짜리 키와 비슷했다. 그래서 어린 수컷 녀석들이 가끔 우리 앞에 와서 한쪽 발을 내밀면서 자신의 몸을 자랑할 때가 있었다.

이게 얼마나 굴욕적인 일인지 안 당해본 원숭이는 모를 것이다. 자신의 서열이 상대방보다 더 높다고 생각할 때 수컷들이 취하는 포즈였다. 그것을 세 살짜리 꼬맹이가 나와 마리캉 앞에서 하는 꼴이라니. 정말 자존심 상하는 일이었다. 형이기 때문에 꼬맹이들을 혼내고 싶었지만, 가까이 가면 키가 비슷했다. 솔직히 그 녀석들의 행동을 이해 못하는 건 아니지만 수컷의 세계는 그렇다. 더 큰 수컷에게 기가 눌리는 건 당연했다. 오르굴류 형도 덩치가 커서 다른 수컷들이 꼼짝 못 했다. 심지어 아빠마저도.

세구란사에는 특이한 말이 있다. 성선택[7]이란 말이다. 자연선택이 중요하기 때문에 4층에 오르지 말라는 얘기를 자주 들었다. 지난번에 4층에 다녀와서 대장 아주머니한테 혼났을 때도 들었었다. 우리 원숭이들의 삶의 목적은 생존과 번식이라고 했다. 자연에서 살아남아 우리의 후손을 남겨야 한다는 얘기다. 문제는 살아남는다고 후손이 저절로 남겨지는 것은 아니다. 그래서 성선택을 받아야 한다고 세구란사의 어른들은 강조했다. 매력적인 수컷이 암컷에게 선택을 받아 후손을 남겨야 우리 종이 유지된다는 얘기다. 그래서 아빠도 열심히 암컷들의 뒤꽁무니를 쫓아다니는 것이다. 번식을 위해서는 성선택을 받아야 하는데 나와 마리캉은…… 하, 가망이 없는 것인가. 덩치도 커서 다른 수컷보다 좋은 형질을 지닌 형이 암컷들에게 인기가 많은 것은 당연한 이치다. 나와 마리캉은 덩치가 작아서 튼튼한 자손을 남기기는 역부족일까? 벨라의 무심한 눈빛이 마음을 스친다. 마음이 상당히 스산하다. 암컷들이 우리에게 눈길을 안 주는 것은 당연하게 느껴졌다. 이럴 때 솔직히 인기 많은 형이 부럽다. 그것도 아주 많이.

"저기, 저……."

우물쭈물 집게손가락 두 개만 톡톡거리며 말을 못 하는 마리캉이 눈을 질끈 감고 말했다.

"형, 저 형 따라서 로지에 갈래요!"

내 눈은 더 찢어졌다. 덩치도 크고 수컷들도 형 말은 잘 듣는데 암컷들한테 인기도 많은, 그래서 부족할 것 하나 없는 형의 소원을 지금 들어주자는 거야, 마리캉? 너, 내 마음을 이렇게 모르는 거야? 나와 형 관계를 모르는 거냐고! 나는 이런 원망을 한가득 담아 마리캉을 쏘아 보았지만 마리캉은 땅만 쳐다볼 뿐이었다. 참다못한 내가 꺽꺽거리며 소리를 질렀다.

"마리캉! 야! 너, 나한테 이러기야?"

아침이 밝았다. 세구란사 무리가 이동할 준비를 했다. 오르굴류 형이 눈짓했다. 쥐도 새도 모르게 아주 조용히 따라 나오란 소리였다. 마리캉만 아니면 안 갈 텐데 친구 때문에 어쩔 수 없이 갈 수밖에 없다. 대장 아줌마의 눈길을 피해 속도를 늦춰 무리가 조금씩 앞서가는 사이 재빨리 2층으로 뛰어내렸다. 아무도 눈치 못 챈 것 같았다. 어쨌든 탈출은 성공이다!

우리 셋은 조용한 데 모여 말없이 오줌을 쌌다. 발바닥에 열심히 오줌을 묻혔다. 가끔은 더럽다는 생각이 들긴 했지만, 오줌은 영역을 표시하는 냄새기 때문에 어쩔 수 없었다. 이 냄새를 나무에 묻혀 놔야 세구란사 무리로 복귀할 수 있으니까. 영역 표시에서 가장 중요한 것은 철벅철벅 최대한 발바닥에 오줌을 많이 묻혀서 재빠르게 뛰는 것이다. 그래야 마르기 전에 최대한 냄새를 많이 남기며 로지에 갈 수 있기 때문이다. 마리캉이 제일 급한 모양이었다. 가장 앞장서서 나뭇가지 사이를 날았다. 뭐, 친구 때문이긴 해도 탈출은 언제나 나를 설레게 한다. 자유를 얻은 질주는 너무 상쾌하고 즐겁다. 로지를 향한 질주가 시작되었다. 생각해 보면 마리캉이 저렇게 적극적인 적이 별로 없었는데 참 신기한 일이다. 나도 뒤질세라 마리캉의 뒤를 바짝 쫓았다. 오르굴류 형이 의외로 늦었다. 마음에 안 든다. 입만 살아가지고. 바보.

발바닥에 묻은 오줌이 거의 다 마를 때쯤 로지가 내려다보이는 지붕 위에 도착했다. 일단 인간들의 동태를 살피기로 했다. 우리 셋은 쪼르르 나뭇가지 위에 서서 주변을 둘러봤다. 인간들은 아직 밀림 관광을 떠나기 전으로 보였다. 준비하느라고 밖에 아직 나오지 않은 건지는 몰라도 로지 앞마당이 조용했다. 좀 더 쳐다보려고 고개를 빼꼼히 더 내밀자 오르굴류 형이 쉿, 조용히 하라는 신호를 보냈다. 조심스럽게 주변을 살피던 형이 먼저 폴짝 뛰어 로지 앞마당에 들어섰다. 이어서 마리캉 그리고 내가 쪼르르 따라 내려갔다.

아무도 없는 줄 알고 안심하고 주변을 다시 둘러보기 시작할 때 플래시가 팡! 하고 터졌다.

"어머나, 요 귀여운 것들 좀 봐!"

"얘들이 겁도 없이 로지까지 왔네! 안녕?"

"어머나, 너무 귀엽다!"

"꺄! 어떡해! 한 마리 키우고 싶다."

여기저기서 카메라를 꺼내더니 사진을 찍고 손을 흔들고 탄성이 터지고 난리였다. 인상 좋은 인간 아주머니가 우리에게 바나나를 던져 주었다. 대박이다! 숲에서는 바나나 만나면 완전 횡재한 건데, 이렇게 쉽게 바나나를 얻을 줄이야. 오르굴류 형과 내가 득달같이 달려들어 냠냠 맛있게 먹었다. 난 3일 동안 굶어야 하는데 지금 횡재했다. 너무 굶었는지 정말 달았다. 크기가 또 대박이다. 진짜 형 말처럼 여기가 밀림보다 훨씬 좋은 게 아닐까? 확신이 조금 흔들렸다. 맛있게 먹으며 말이 없어진 내 모습을 보고 무슨 생각을 하는지 알겠다는 듯이 오르굴류 형은 어깨를 쓱 올리며 아주 거만한 표정으로 나를 내려다봤다. 뭐 내 확신이 조금 흔들리긴 했지만 역시 형이 재수 없다는 건 흔들리지 않는다. 그리고 형에 대한 확신만큼은 절대 흔들리면 안 된다.

형이 고개를 돌려 다시 인간 아줌마를 봤다. 갑자기 귀여운 표정을 지으며 큰 눈을 동그랗게 만들고 두 볼에 바람을 빵빵하게 집어넣은 다음 눈을 깜빡깜빡 떴다 감았다 했다. 인간들이 자지러진다. 아주 귀여워 죽겠다는 듯이 어쩔 줄 몰라 했다. 내가 보기엔 완전 바보다. 평소 오만하고 자신만만하던 표정은 사라지고 어디 덜떨어진 바보 칠푼이처럼 구는 형이 몹시 민망했다. 원숭이 자존심이 있지, 꼭 저렇게 영혼까지 팔아 가면서 먹이를 구해야 하나 싶고, 내가 이러려고 형을 따라왔나 자괴감이 들었다. 에잇, 난 더는 못해 먹겠다. 차라리

굶을지언정. 그러기엔 주는 바나나를 너무 많이 먹긴 했지만 말이다.

이제 마리캉이랑 놀아야겠다. 두리번거렸지만 마리캉이 보이지 않았다. 순간 심장이 철렁했다. 나는 있는 힘껏 마리캉을 불렀다.

"마리캉, 어딨어? 마리캉!"

꺽꺽거리며 소리치는 내 목소리가 로지 앞마당의 아침 공기를 가르며 울려 퍼졌다. 형은 이런 내가 창피한지 인상을 잔뜩 찌푸리고 쳐다봤다. 그러거나 말거나 나는 아랑곳하지 않고 있는 힘껏 마리캉을 불렀다. 형은 나를 보고 인상을 쓰다가도 인간이 바나나를 주면 금세 표정을 바꾸고 웃었다. 그 모습을 보고 난 형이 안 들릴 정도로 나지막이 말했다.

"구차하다 구차해."

그나저나 마리캉에게 무슨 일이 있는 걸까? 살짝 걱정되어 두리번거리며 앞마당을 이리저리 서성거렸다. 그러다가 로지 안 모기장을 들추고 얼굴만 내밀고 있는 마리캉과 눈이 마주쳤다. 마리캉은 조용하고 낮은 목소리로 나를 불렀다.

"갈로핑, 나 여기 있어. 여기로 와."

아니, 쟤는 언제 저 안으로 들어간 거야? 인간들이 모두 형에게 신경을 쓰는 사이 후딱 들어간 것 같았다. 나는 두리번두리번 주위를 살피고, 해서는 안 될 짓을 하는 것 마냥 두 손을 가지런히 배에 모으고 총총걸음으로 로지 안에 들어갔다.

늘 밖에서만 봐서 몰랐는데 로지 안으로 들어오니 정말 신기한 것들이 많았다. 완전히 다른 세계에 와 있는 것 같았다. 통나무로 벽을 만들고 창과 문마다 모기장을 쳐 놓았다. 우리처럼 인간은 벌레를 못 먹는다. 그래서 벌레들이 못 들어오게 모기장을 쳐 놓은 것이었다. 벌레는 잡기가 어려워서 그렇지 가끔 잡아서 먹으면 씹으면 씹을수록 맛있는데 굳이 왜 막아 놓았는지 이해가 되지는 않는다.

조금 더 안쪽으로 들어가니 큰 공간이 나왔다. 벽면에는 우리가 사각의 마술 상자라고 부르는 텔레비전이 있었다. 엄청 큰 화면에서는 인간 소년이 떼거리로 나와서 멋진 춤을 추고 있었다. 나도 모르게 발로 까딱까딱 리듬을 맞추기 시작했다. 어느새 어깨도 들썩거리고 팔도 좀 휘저어 볼까 싶어 하늘 위로 휘적거리기 시작했다. 갑자기 그 손을 마리캉이 잡아끌었다.

"갈로핑, 난 다른 볼 일이 있어. 춤 그만 추고 나를 좀 따라와!"

마리캉과 함께 그 공간을 나와 다른 문으로 들어갔다. 그런데 웬걸! 맙소사 식당인가 보다. 맛있는 과일들이 접시에 즐비했다. 눈이 휘둥그레 커졌다. 인간은 벌레는 못 먹어도 이렇게 과일을 많이 먹나 보다. 군침이 저절로 돌았다. 접시 앞에서 서성거리자 마리캉이 갑자기 더 예민하게 굴었다.

"갈로핑! 지금 먹으러 들어온 게 아니라니까!"

"마리캉, 여기 과일 많아. 그러지 말고 조금만 먹고 가자."

나는 이해가 안 됐지만, 너무 강경한 마리캉의 태도에 순간 애원하듯이 말했다. 그런데도 마리캉은 단호했다.

"안 돼, 지도 찾아야 해. 아까 어떤 여자애가 지도 들고 있었단 말이야. 우리가 살고 있는 밀림의 지도를 말이지!"

맞다. 이제야 생각났다. 마리캉은 지도를 가지고 자신의 부모님을 찾으러 떠나고 싶어 했었지. 저렇게 단호한 모습이 이제야 이해가 된다.

식당을 가로질러 침대가 놓여 있는 방으로 들어갔다. 방마다 크기는 다르지만, 사각의 마술 상자들이 참 많았다. 네모난 상자들은 선으로 연결돼 구멍이 조그맣게 뚫린 또 다른 선에 연결돼 있었다. 선들만 보자면, 꼭 물 폭탄 맞은 나뭇가지처럼 정신없어 보였다. 사람이 없는 방으로 마리캉이 들어가더니 자신의 키만 하고 납작한 사각의 마술 상자를 들고 나왔다. 그러더니 네모난 판 위를 계속 꾹꾹 눌렀다. 그러자 잠시 후에 빛이 환하게 나오면서 상자 안에서 인간의 말소리가 들리고 모습이 보였다. 아까 봤던 벽에 걸린 사각의 마술 상자랑 비슷한데 훨씬 작은 것 같았다. 종종 밀림을 여행하는 여행객들이 들고 다니는 걸 보긴 했지만 이렇게 가까이서 보는 건 처음이었다.

"마리캉, 이게 뭐야?"

나는 궁금한 걸 못 참고 물어보았다. 마리캉은 어깨를 한 번 으쓱하더니 자신 있게 설명을 해 줬다.

"인간들이 쓰는 태블릿PC라는 거야. 이 사각의 마술 상자 안에는 세상의 거의 모든 지식이 담겨 있다고 보면 되는데, 사용하는 방법은 이렇게 손으로 누르면 되고, 화면도 얼마든지 바꿀 수 있어."

"와, 진짜 신기하다. 그런데 마리캉 너 이런 걸 언제 이렇게 연구했니?"

마리캉은 평소에 별로 말이 없어서 그렇지 천재다. 인간의 기계에도 관심이 많은 줄은 알았지만 이렇게 자세하게 알 거라고는 생각하지 못했다. 내 머리로는 괴상하게 생긴 저 사각의 마술 상자들이 왜 필요한지 모르겠지만 말이다. 마리캉은 늘 인간보다도 그들이 들고 있는 기계 같은 것에 관심을 보였다. 세구란사의 다른 원숭이들은 이 사실을 모른다. 그저 몸집이 작고 약한 모습만을 기억할 뿐이다. 하지만 나는 안다. 내 친구 마리캉이 얼마나 똑똑한지를 말이다.

문득 세구란사에서 늘 들었던 '자연선택'과 '성선택'이란 말이 떠올랐다.

"마리캉, 어릴 때부터 궁금했었는데 자연선택이랑 성선택이란 말 우리 원숭이들이 쓰는 말이야? 우리가 쓰기엔 좀 부자연스러운 단어 아냐?"

"아 그거? 다윈이란 사람이 고안한 이론인데, 아니다. 아무튼 중요한 말이야. 인간에게도 우리에게도."

"아, 그래? 다윈은 누군데? 너는 어떻게 알아?"

"다윈 때문에 사람들은 우리가 인간의 조상이라고 믿기도 하더라고. 얼마나 신기한 얘기야? 사람들이 밀림에 와서 관광을 하는 건 다윈이 얘기한 자연선택과 성선택으로 자연을 이해하는 측면도 있지. 그런데 이 기계 녀석은 왜 이렇게 내 맘대로 안 되는 걸까? 짜증이 나."

마리캉은 마술 상자에 빠져서 다윈에 대해 무심하게 얘기했지만, 새삼 대단하다. 자연선택과 성선택 같은 단어의 기원도 알고 말이다. 나는 마리캉이 더 설명해 줬으면 했지만, 마리캉은 사각의 마술 상자에 관심이 온통 쏠려 있어서 더는 설명을 해 주지 않았다. 다윈은 누구지? 궁금하지만 뭐, 자연선택이든 성선택이든 그것보다 나도 지금 우리 앞에 있는 마술 상자가 더 궁금하다. 나는 금세 내 질문을 잊고 호기심이 가득한 눈으로 사각의 마술 상자 화면 속에 작은 네모들이 열 맞춰 있는 것을 봤다. 마리캉이 화면 속 작은 네모들을 누르자 화면이 또 바뀌었다. 마리캉은 이내 상자 아래쪽에 다른 모양의 톡 튀어나온 무언가를 눌렀다. 그러면 다시 작은 네모들이 열 맞춰 진열된 화면이 나왔다. 계속해서 같은 동작을 반복하던 마리캉은 중얼거렸다.

"이상하다. 지도가 있을 텐데. 왜 안 나오지?"

화면을 꾹꾹 눌러 보던 마리캉은 내가 있다는 사실도 잊어버린 듯 중얼거리며 연신 고개를 갸웃거렸다.

"갈로핑, 다른 방에 가 보자."

"그러다 인간한테 걸리면 어떻게 하려고 그래. 싫어 난 안 갈래."

"너도 내가 지도를 얼마나 찾고 싶어 하는지 알지? 그 지도로 꼭 우리 엄마 아빠를 찾을 거라고. 내 소원을 알면서도 안 도와주겠다는 거야?"

마리캉의 결심은 정말이지 밀림에서 가장 단단한 바위보다도 더 단호했다. 내 친구가 이렇게까지 강하게 얘기한 적이 있었던가? 그 래. 마리캉도 내가 엄마를 찾겠다고 하면 똑같은 마음이었을 거야. 잠깐 침묵이 흐르고 나는 말없이 따라나섰다. 오늘따라 마리캉이 다 르게 느껴졌다. 다른 방에 들어간 마리캉은 역시 크기가 다른 사각 의 마술 상자들을 계속해서 꾹꾹 눌렀다. 거의 키만큼 큰 상자도 있 었고 우리 얼굴 크기만 한 상자도 있었다. 크기와 색깔이 제각각이었 다. 마리캉이 말한 지도라는 게 뭘까? 대체 마리캉은 무엇을 찾고 있 는 걸까?

"갈로핑, 찾았어! 우리 이거 갖고 나가면 돼!"

여러 사각 상자들을 한참을 누르던 마리캉의 목소리가 갑자기 커졌다. 눈에서는 희망의 빛이 쏟아져 나왔다. 녹색의 화면에 길이 나 있었다. 저게 마리캉이 말한 지도인가 보다. 마리캉이 거의 우리 키만큼 큰 사각의 마술 상자를 들었다. 태블릿PC였다. 물론 혼자 들긴 너무 커서 가지고 나가는 것은 무리였다. 나와 양쪽 모서리를 잡고 낑낑대고 들어 올렸다. 살짝 땅에서 떴다. 두 팔을 이용해 상자를 간신히 머리 위로 올렸다. 쉽진 않지만 마리캉의 엄마 아빠를 찾을 수 있다는 기대가 없던 힘도 솟아나게 했다. 이제 로지를 빠져나가기만 하면 된다.

그때 인간 여자아이의 비명이 들렸다.

"꺄악! 아빠, 내 방에 원숭이가 두 마리나 있어!"

평소에 우리가 내는 소리보다 더 날카로운 금속성의 목소리가 우리 귀를 뚫고 지나갔다. 엄청나게 신경질적인 비명이었다. 여자아이만 놀란 게 아니라 나랑 마리캉이 더 놀랐다. 나도 모르게 소리쳤다.

"야, 네 소리가 더 무서워! 깜짝 놀랐잖아!"

나도 엄청난 신경질이 느껴질 만큼 큰 소리로 대꾸했다. 여자아이가 듣기에는 아마 꺽꺽, 우끼끼 정도의 소리가 났을 것이다. 인간들은 우리만 보면 귀엽다고 난리를 치는데 저 여자아이는 도대체 뭔데 저렇게 까칠한 거지? 여자아이의 비명을 듣고 여기저기서 인간들이 몰려오는 소리가 들렸다. 상황이 갑자기 심각해졌다.

나는 잠깐이나마 숙연했던 분위기와 감정들을 싹 잊은 채 마리캉에게 고래고래 소리 질렀다.

"내가 이래서 로지 오기 싫다고 했잖아!"

여자아이도 소리쳤다.

"내가 이래서 밀림 오기 싫다고 했잖아!"

우리가 소리를 지르면 지를수록 여자아이도 점점 더 화가 나는 것 같았다.

"쟤들 잡으면 가만 안 둘 거야!"

여자애의 신경질이 머리끝까지 차올랐나 보다. 이 상황에서 잡히면 결과는 절대 좋지 않을 거라는 걸 나와 마리캉은 의논하지 않아도 너무 잘 알수 있었다. 아무리 우리를 귀여워하는 인간들이라도 자신들의 아이를 놀라게 했으니 적으로 돌리고 잡으려 들 것이다. 나는 다급하게 마리캉의 손을 잡았다.

"마리캉, 우리 도망가야 해. 뛰어!"

"안 돼. 저 상자를 가져가기 전까지는 아무 데도 안 가!"

더 대화를 했다가는 잡히는 건 시간문제일 것 같았다. 상자를 놓지 않으려는 마리캉의 손을 질질 끌고 지붕으로 냅다 뛰어 올라갔다. 사각의 마술 상자, 식당에 있던 것보다 훨씬 작지만 우리 몸집만 한 그 녀석을 가지고는 절대 도망갈 수 없었다. 앞마당에 있던 사람들이 비명을 듣고 숙소로 이동하는 사이, 오르굴류 형은 여전히 상황 파악을 못하고 앞마당에서 폴짝폴짝 재롱을 피우고 있었다. 이럴 때 보면 형은 영락없는 바보다.

"형! 오르굴류 형! 어서 지붕으로 올라와. 우리 사고 쳤어. 도망가야 해!"

오르굴류 형의 표정이 순간 험악하게 변했다. 인간들은 숙소를 거쳐 다시 앞마당으로 모여들더니 당장 형을 잡을 기세로 달려들었다. 오르굴류 형도 깜짝 놀라 재빠르게 지붕으로 뛰어올랐다. 밑에서 소리치는 인간들과 우리를 번갈아 쳐다보더니만 나중에는 나와 마리캉을 번갈아 쳐다보면서 눈에서 레이저를 쏘았다. 올라오지 못하는 인간들이 밑에서 돌멩이를 집어 들더니 던지기 시작했다. 우리 셋은 약속이나 한 듯 말없이 나무를 타기 시작했다. 영역 표시를 따라 지나온 3층 나뭇가지 위를 뛰었다. 원래는 이런 속도로 뛰면 조심해야 하는데도 얼마나 마음이 급했는지 생각할 겨를도 없었다. 그러다 썩은 나뭇가지를 밟는 날이면 그대로 1층 행일 텐데 오늘은 그야말로 새처럼 날아서 도망가고 있었다.

"헉헉, 안 되겠다. 잠깐 쉬자. 여기 앉아."

얼마를 달렸을까? 로지에서 꽤 멀어진 것 같았다. 오르굴류 형이 인간의 팔뚝만 한 나뭇가지를 찾아 숨을 몰아쉬며 철퍼덕 앉았다. 우리 셋은 나뭇가지를 바닥 삼아 쪼르르 앉아 꼬리를 축 늘어뜨리고 숨을 골랐다. 시원한 바람이 불었다. 아, 로지 근처였으면 네그루강의 물로 목 좀 축이는 건데 정말 아쉽다. 아까 인간들이 줘서 먹은 바나나가 벌써 꺼졌나 보다. 꼬르륵 소리가 나는 것이 몹시 배고팠다. 나는 나뭇가지에 달린 여린 잎들을 골라 따먹었다. 오르굴류 형은 바닥에 기어 다니는 개미들을 보며 손으로 쓱 훑어서 혀로 핥아 먹었다. 제법 달았는지 형의 표정이 조금 밝아졌다.

"마리캉, 너도 좀 먹어. 배고프지 않아?"

나는 마리캉에게 아주 싱싱한 잎사귀 하나를 내밀었지만 받지 않았다. 풀이 잔뜩 죽은 채로 손가락으로 이끼만 후벼 팔 뿐이었다. 오르굴류 형이 나를 쳐다보며 물었다.

"쟤 왜 저래?"

나는 두 번째 손가락을 입에 갖다 댄 채로 고개를 저으며 신경 쓰지 말라는 눈짓을 했다. 지도를 눈앞에 두고 온 마리캉의 마음을 형이 알 리가 없을 테니까. 차라리 내버려 두는 것이 도와주는 거다. 하지만 역시 형이 가만히 있을 리가 있나. 내 신호를 무시하고 형이 마리캉에게 말을 걸었다.

"마리캉, 로지 정말 좋지 않았냐? 거기 살면 만사 오케이라고. 강도 가까이 있어서 물 마시기도 좋고. 뭐 카이만 악어가 조금 걱정되지만, 인간이 사는 곳에는 설마 쉽게 못 오겠지. 카이만한테 잡혀 먹힐 걱정도 안 해도 되고 과일까지 배불리 먹을 수 있고 말이야. 과일이야말로 우리에게 최고의 만찬이잖아. 조금만 먹어도 에너지가 보충되는 가장 효율적인 음식. 어때, 오늘 가 보니 형 따라서 로지에서 살고 싶지 않니?"

마리캉은 대답하지 않았다. 여전히 우울한 얼굴로 힘없이 고개를 떨구고 있었다. 이쯤 되면 눈치를 채야 하는 게 당연한데 형은 참 눈치가 없다. 계속 얘기한다.

"마리캉에게 좀 놀랐는걸. 나보다 로지 안을 더 샅샅이 알아보고 말이야. 하지만 다음엔 형이랑 같이 가자. 그래야 형이 너를 보호해 주지."

이 대목에서 화가 나지 않으면 정상이 아니다. 나도 모르게 오르굴류 형에게 소리쳤다.

"말도 안 되는 소리! 상황 파악도 못 하고 계속해서 재롱 피우고 있었던 게 누구더라? 형은 지금 자신이 보고 싶은 것만 보고 있잖아. 구해 주긴 누굴 구해 준다고 하는 거냐고? 아까 우리 아니었으면 분명 사람들한테 잡혔을 텐데 말이야. 모르는 거야, 아니면 바보인 거야? 아까 사람들이 돌변하던 태도를 못 본 거야? 아니면 애써 모르는 척하는 거야? 인간들도 우리를 적으로 여기면 어떻게 할지 모르는데 말이야!"

형은 점점 얼굴이 빨개지고 호흡이 가빠지더니 나를 쳐다보는 눈빛이 살벌해지기 시작했다. 안 그래도 덩치가 커서 무서운데 이 정도면 정말 화가 난 거다. 주먹을 부르르 떨면서 내 쪽으로 뻗으려는 찰나, 어디선가 웅성웅성 인간들의 말소리가 들렸다. 때리려고 주먹을 들었던 형도, 움찔했던 나도, 고개를 푹 숙이고 있던 마리캉도 동시에 말소리가 나는 쪽을 쳐다봤다. 한 무리의 인간들이 걸어오는데 아까 로지에서 봤던 사람들이었다. 마리캉의 눈이 반짝하고 빛났다.

아까 우리에게 소리를 질렀던 여자아이가 퉁퉁 부은 얼굴로 사람들 뒤를 따라서 오고 있었다. 이어폰을 꽂은 채 태블릿PC에서 눈을 떼지 못한 채로 아슬아슬하게 걸어오고 있었다. 화면 속에서는 여전히 현란한 손짓과 발짓으로 인간이 떼를 지어 춤을 추고 있었다. 마리캉도 여자아이의 태블릿PC에서 눈을 떼지 못했다.

"딸, 태블릿PC 그만 보고 여기 자연을 좀 봐라. 여기까지 와서 아이돌 그룹 춤만 보고 있을래?"

"아, 오기 싫다고 했잖아! 그냥 집에서 아이돌 오빠들 프로그램만 챙겨 봐도 바쁜데, 왜 여기까지 데려와? 이건 아빠가 전부 잘못한 거야. 딸의 의견 따위는 밀림에 던져 버린 거지."

"아빠한테 말버릇이 그게 뭐야? 으웩쏘인가 뭔가 하는 아이돌 그룹인지 뭔지, 걔들 보는 게 엄마 아빠랑 함께하는 시간보다 더 중요해? 그건 집에 가서도 볼 수 있잖아. 그만 봐!"

"아 싫다고! 여기 벌레 천국이잖아! 벌레 천지여도 엄마 아빠 봐서 여기까지 따라나선 거 안 보여? 나도 노력 중이야. 그냥 내버려 두라고! 난 그냥 으웩쏘 오빠들이랑 밀림을 걸을 거라고! 상관하지 말란 말이야!"

성질을 버럭버럭 내는 여자아이가 엄마 아빠한테 심지어 밀림 바닥에 발바닥을 구르며 신경질을 냈다. 성질 하고는 정말 가관이었다. 아마 세구란사였으면 머리통을 수십 대는 맞았을 거다. 하도 발을 굴러서 그런지 여자아이의 발 한쪽이 갑자기 진흙에 쿡 박혀 버렸다. 그제야 화를 내던 여자아이도, 혼내던 부모도 깜짝 놀라 허둥대기 시작했다. 움직일수록 진흙은 점점 더 깊어지기 시작했다. 여자아이는 너무 놀란 나머지 중심을 잡느라고 손에 있던 태블릿PC를 그만 놓쳐 버렸다.

"어, 어, 어떻게 나 몰라!"

반대편 수풀 속으로 사각의 마술 상자, 태블릿PC가 훌쩍 날아갔다. 퍽, 소리와 함께 나뭇가지에 맞고 바닥에 그대로 곤두박질쳤다. 심지어 진흙에 박혀 버렸다. 여자아이가 소리쳤다.

"악, 내 태블릿PC! 어떻게 해! 오빠들 봐야 하는데."

그런데 이상한 건 분명 나뭇가지에 부딪혔는데 갑자기 나뭇가지가 구불구불 움직이기 시작했다. 잠시 멍하니 지켜보던 인간들이 소리를 지르기 시작했다.

"으악, 뱀이다."

"가이드 양반, 어떻게 좀 해 봐요!"

"아, 그러니까 안 온다고 했잖아!"

"뱀이 아니라 거의 구렁이잖아. 어떡할 거냐고!"

갑자기 주변 일대가 소란스러워졌다. 가이드가 황급히 손가락을 입에 댔다. 사람들은 얼음처럼 가만히 멈춰 버렸다. 다행히도 나뭇가지로 위장하고 있던 뱀은 2층으로 올라가 시야에서 사라졌다. 정말 굵은 녀석이었다. 자신을 보고 놀라든 말든 손가락질을 하든 말든 여유 있게 지나갔다. 역시 무서운 게 없는 포식자다. 뱀이 사라지자 사람들은 안도의 한숨을 내쉬었다.

"어떻게 하니, 이 발을 어떻게 해."

"엄마, 어떻게 좀 해 봐! 엉엉, 이 밀림에서 나 죽으면 어떡할 거냐고."

"아니, 애가 못하는 소리가 없어!"

여자애의 엄마가 딸을 혼냈지만, 당황한 티가 여실히 났다. 여자아이의 엄마 아빠가 딸의 다리를 잡아당겼다. 땀을 뻘뻘 흘리며 잡아당겨 보았지만 발은 빠질 생각이 전혀 없어 보였다. 여자아이는 울고불고 난리가 났다. 엄마 아빠는 어찌할 바를 모르고 가이드를 불렀다.

"가이드! 좀 도와줘요!"

가이드가 나섰다. 나뭇가지를 쳐내는 칼을 여자아이의 다리가 박힌 땅속으로 푹 박아서 떠내니 박힌 발이 서서히 올라왔다. 칼을 빼내려 하자 칼도 더는 꼼짝을 하지 않았다. 가이드는 칼은 포기하고 여자 애를 뒤에서 쑥 잡아당겼다. 사람들이 가이드 뒤에 가서 등 뒤에 팔짱을 낀 다음 여러 명이 힘을 합쳐 여자아이를 당겼다.

한참을 당기고 씨름하던 중에 드디어 발이 진흙에서 쏙 빠져나왔다. 그러나 신발과 양말이 벗겨진 채였다. 긴장이 풀렸는지 안도의 한숨을 내쉬는 여행객들은 저마다 땀을 훔쳤다. 가이드가 이만 로지로 돌아가자고 사람들을 모았다. 여자아이와 부모는 태블릿PC 따위는 벌써 잊었는지 아이의 아빠가 엉엉 우는 딸을 업고 휘청거리며 가이드를 따라나섰다. 우렁찬 여자아이의 울음소리가 숲 속 저 멀리 점점 멀어졌다.

이 모든 일을 지켜보는 아주 강렬한 눈빛이 하나 있었는데 바로 마리캉이었다. 멀찍이 떨어진 태블릿PC를 바라보며 안절부절못했다.

내가 물었다.

"마리캉, 저 사각의 마술 상자 갖고 싶어?

"응."

"그럼 내가 가져다줄게."

"안 돼. 너무 위험해. 저긴 슬럼가잖아. 빛도 안 들어오고, 포식자들 천국이야. 포식자들이 너무 커서 우리랑 비교도 안 된다고. 독충도 많고 독초도 많아. 너무 위험하니까 내려가지 마."

"그럼, 그냥 포기하고 가자."

"……."

"진짜 포기하고 간다?"

"……."

"역시 포기할 수 없구나?"

"응……."

"그래, 그럼! 친구! 나만 믿어. 언젠간 1층을 꼭 탐험해 보고 싶었다고!"

오르굴류 형은 가만히 지켜보다가 한 마디 하고는 꽁무니를 뺐다.

"너희들 포식자한테 잡아먹히든지 말든지 이제는 나도 모르겠다. 난 먼저 갈 테니까 너희들끼리 잘 해 보셔."

어이구, 못난이!

마리캉을 위해선 못할 일이 없었다. 우리 둘은 세구란사 공식 머저리다. 키는 작고 외모도 볼품없고 하는 행동까지 이상하다는 수군거림을 늘 듣는 원숭이다. 주위 원숭이들에게 이런 얘기를 하도 들으면서 자라서 무시와 천대는 우리의 우정을 더욱 단단하게 만들었다. 호기심이 강한 내가 새로운 무언가에 도전할 때마다 우리는 세구란사의 사고뭉치였다. 그럴 때마다 괜찮다고, 내가 최고라고 응원해 준 원숭이는 마리캉 뿐이었다. 아빠도, 형도 아니었다. 고아인 마리캉에게도 나는 아마 하나뿐인 가족일 것이다. 우리는 친가족 이상으로 돈독한 사이다.

그런 마리캉을 위해 나도 큰맘 먹고 용기를 내서 2층으로 내려갔다. 뱀이라도 나오면 어떻게 하지? 2층도 가 본 적이 꽤 많았지만, 세구란사 무리가 없는 밀림 한가운데에서 2층 내려가기를 시도한 것은 이번이 처음이다. 로지로 내려가는 길과는 차원이 달랐다. 으슥하고 기분 나쁜 기운이 바닥부터 스멀스멀 올라왔다.

　3층, 2층, 1층, 아래로 내려갈수록 나무의 거대한 모습이 정말 대단했다. 세구란사의 원숭이 백 마리가 손을 잡고 둘러싸면 이 나무를 다 둘러쌀 수 있을까? 상상을 초월하는 굵기였다. 건기라서 거대한 나무뿌리가 벌거벗은 채 드러나 있었다. 3층에서 뛰어다닌 나뭇가지들의 시작이 어디인지 발견한 기분이었다. 거대한 밀림의 빌딩이 뿌리가 엉켜 단단하게 서로를 지탱하고 있는 모습이 인상적이었다. 이 뿌리에서 뻗어 나온 가지들이 또 엉켜 3층을 형성하고 있다니. 뿌리가 이뤄낸 생태계가 참으로 대단하다는 생각이 들었다. 언젠가 마리캉이 밀림의 모습을 설명하며 말했던 '생명의 나무'라는 표현이 떠올랐다. 인간과 우리가 실은 저 나무처럼 한 뿌리에서 나와서 다른 가지로 갈라진 것과 같다고 했던 것 같은데. 다윈이란 사람이 얘기해서 유명해진 말이라고 했는데, 맞다, 마리캉이 다윈이란 사람을 종종 얘기했었구나. 누굴까? 그 사람…….

　이런저런 생각을 하는 사이에 드디어 질퍽한 땅에 발을 디뎠다. 아까 봤던 여자아이처럼 진흙 속에 발이 파묻히면 낭패기 때문에 살금살금 걷고 깡충깡충 뛰면서 걸었다. 내 발걸음은 상당히 촐싹대 보였다. 하지만 마음은 걸음걸이와 정반대였다. 손에 땀이 나고 초조하기 이를 데 없었다. 당장 커다란 뱀이 튀어나올 것만 같았고, 원주민의 화살이 날아올 것만 같았고, 재규어가 나타나 나를 물어갈 것만 같았다. 공포 때문에 심장이 튀어나올 것 같았지만 꿀꺽 침을 삼키며 진정시켰다.

조심조심 사각의 마술 상자에 다가갔다. 땅에 박힌 태블릿PC를 톡톡 건드려 보았다. 꿈쩍도 하지 않았다. 이번엔 낑낑 잡아당겨 보았다. 역시 꼼짝도 안 했다. 딱 봐도 혼자 들기에는 무거워 보였다. 로지식당에서 봤던 커다란 사각의 마술 상자보다는 훨씬 작았지만 말이다. 이러저리 머리를 굴려 보는데 갑자기 누군가 내 어깨를 툭툭 쳤다. 소스라치게 놀란 나머지 몸을 휙 돌리며 뒤로 껑충 뛰었다. 으악, 재규어가 날 잡아먹기 전에 인사하는 건가? 두려움에 두 눈을 동그랗게 뜨고 뒤를 돌아보니 마리캉이었다.

"마리캉, 왜 내려왔어? 여기는 위험해. 내가 가지고 올라갈 텐데."

"너 혼자 들 수 없잖아. 위험해도 저 상자가 필요한 건 나잖아. 지도가 필요한 건 나니까 내가 오는 게 맞지."

사실 무서웠다. 마리캉이 안 왔으면 아마 엄두도 못 냈을 텐데 이제는 둘이서 태블릿PC와 사투를 벌였다. 주변에 단단해 보이는 돌멩이와 나뭇가지를 주워서 진흙을 파내니 태블릿PC가 쑥 하고 땅에서 빠졌다. 얼마나 깊이 박혔던지 뽑는 순간 나와 마리캉은 벌러덩 나자빠지고 말았다. 일단 빼긴 뺐는데 상황은 더 나빠진 것처럼 보였다. 바닥에 가로로 누운 태블릿PC를, 우리 키만 한 이것을 어떻게 3층까지 갖고 올라가지?

나와 마리캉은 두 팔로 태블릿PC의 끝을 잡고 나무에 올랐다. 팔을 사용하지 못하고 다리로만 가려니 3층이 꼭 세상 끝에 있는 것 같았다. 정말이지 이 속도로는 며칠을 가도 3층에 가지 못할 것이다. 아니, 그 전에 누군가에게 잡아먹히는 게 더 빠를 수도 있을 것 같았다.

"갈로핑, 우리 그냥 이거 두고 얼른 올라가자."

자신이 필요한 것보다는 안전이 우선이라고 생각했는지 마리캉이 체념한 듯 말을 건넸다.

"잠깐 기다려 봐. 무슨 방법이 있을 거야."

나는 기왕 내려온 거 꼭 가져가야겠다는 결심을 하고 잠깐 생각했다. 그 순간 아이디어가 떠올랐다. 평소에 튼튼한 덩굴을 이용해 줄을 타고 날아다니던 기억을 떠올렸다. 나를 큰 새로부터 구해 주었던 덩굴, 그래 덩굴을 이용하자. 타잔 놀이를 했던 기억. 나를 큰 새에게서 번번이 구해 줬던 덩굴. 위험할 때마다 나무와 나무 사이를 연결지어 주는 부드러우면서도 강한 덩굴이 번뜩 떠올랐다.

"마리캉! 덩굴을 이용하면 되겠어."

역시 제일 친한 친구가 맞다. 덩굴이라는 말을 듣자마자 마리캉은 내 생각을 이해했다. 얼굴 가득 웃음을 지으며 먼저 2층에 올라가 땅으로 늘어뜨려진 덩굴을 꼼꼼하게 검사했다. 튼튼한 녀석을 골랐다는 몸짓을 보내자 나는 그 덩굴 밑으로 네모 상자를 가져가 묶었다. 마리캉이 조심조심 덩굴을 잡아당겼다. 나는 네모 상자 끝을 잡고 천천히 아주 조심스럽게 나무를 오르기 시작했다. 그렇게 덩굴을 갈아타며 3층까지 무사히 네모 상자를 들어 올릴 수 있었다.

겨우 작은 사각의 마술 상자, 태블릿PC를 가지고 세구란사 무리 근처에 돌아왔다. 저만치 세구란사 아이들의 장난치는 소리와 깔깔대는 소리가 들려왔다. 우리가 했던 일들에 비하면 너무나 행복해 보이는 오후였다. 태블릿PC를 세구란사 무리 사이로 가져가긴 부담스러웠다. 대장 아줌마가 갖고 있지 말라고, 버리라고 명령하는 날에는 목숨을 걸고 여기까지 가지고 온 우리 수고가 다 없던 일이 되어 버릴 것이다.

주변을 둘러보니 구멍이 뚫린 고목나무 한 그루가 눈에 들어왔다. 가까이 가서 태블릿PC를 넣어 보니 간신히 들어갈 것 같았다.

"마리캉, 여기에 숨겨 두자."

고목나무 구멍에 사각의 마술 상자를 들이밀기 전 마리캉이 외쳤다.

"잠깐!"

그러더니 갑자기 마리캉이 오줌을 싸기 시작했다. 발바닥에 오줌을 묻히더니 태블릿PC에 바르기 시작했다. 많은 시간을 함께 보냈지만 이런 모습은 처음이었다. 너무나 정성스럽게 영역 표시를 하는 모습을 보고 있자니 정말 너무 웃겼다. 나는 땅바닥을 데굴데굴 구르며 깔깔 웃었다. 그래도 마리캉은 표정 하나 바뀌지 않고 계속했다. 그리고 아주 진지한 얼굴로 말했다.

"갈로핑, 그만 웃어. 네가 웃겨도 난 꼭 이래야 한다고. 이건 확실하게 내 것이야. 여기에 있는 지도로 엄마 아빠가 있을만한 원주민 마을을 모조리 찾아낼 거야. 지도에 표시해서 엄마 아빠를 찾을 거야. 나한테 얼마나 중요한 건 줄 알잖아. 그래도 내가 웃겨?"

차마 웃기다고 말할 수는 없었다. 그래도 너무 웃겼다.

"으하하. 마리캉. 진지하고 거룩해 보이기까지 한 사각의 마술 상자 오줌 묻히기 의식. 너무 웃다. 나도 내 영역을 표시하느라 오줌을 많이 묻혀봤지만, 너처럼 한 땀 한 땀 정성스럽게 바르는 모습은 처음 봤다고. 아, 정말 웃겨. 으하하."

내 말에도 아랑곳하지 않고 자신의 영역 표시를 진지하게 진행한 마리캉은 영역 표시 의식이 끝나자 태블릿PC를 이리저리 둘러보고 전원을 켰다. 우와, 빛이 나오면서 화면에 네모가 가득했다. 로지에서 봤을 때와는 느낌이 또 달랐다. 내 눈이 휘둥그레졌다. 마리캉은 짐짓 진지한 태도로 네모를 이것저것 눌렀다. 누를 때마다 신나는 음악이 흘러나왔다. 마리캉은 서둘러 태블릿PC를 닫아 버렸다. 그러기를 몇 차례, 비슷한 느낌의 화면뿐이었다.

"어? 이거 아까 그 여자아이가 이야기한 아이돌이라는 인간의 춤인 것 같아. 그 여자아이 말고도 요즘 여행객들이 대부분 다 이런 노래를 듣던데, 그 뭐라더라 케이팝[8]인가 뭔가 하는 그것 같아. 온통 그런 춤뿐이잖아?"

"갈로핑, 네 말이 다 맞는 것 같다."

마리캉이 풀 죽은 목소리로 대답했다.

케이팝은 브라질 전역에서 인기 짱이다. 요즘 남미를 강타하고 있는 음악 장르였다. 아니, 인간의 시간으로 치면 내가 태어나기 전부터라고 하던데, 언제부터인지 로지에서 흘러나오는 음악이 케이팝일 때가 많아졌다. 주로 남자, 여자아이들이 단체로 팀을 이뤄 절도 있는 동작의 춤을 추는데 춤 자체가 엄청 멋있었다. 밀림에 여행 온 사람들이 있는 곳엔 케이팝 남자 아이돌 얘기는 빠지지 않았다. 불꽃소년단, 으엑쏘, 비와AC, 네분틴 등등 인간들 사이에서 자주 나오는 음악과 아이돌 그룹 이름이다.

가끔 여행객들이 숲속을 거닐며 하는 얘기를 쫓아다니며 들은 적이 있었다. 아이돌 그룹 얘기를 할 때마다 여자아이들의 눈빛에서 아주 사랑스러운 느낌이 묻어 나왔다. 아이돌 생각만 해도 좋은지 두 손 꼭 붙잡고 몸을 나무 덩굴처럼 이러저리 꼬면서 얘기했다. 설레는 마음이 잔뜩 묻어나는 몸짓이랄까? 그런 모습에 우리는 웃어 댔지만, 인간 여자아이들은 아랑곳하지 않았다. 그저 좋은가 보다. 그래서 나도 알고 있었다. 케이팝 아이돌 그룹 몇 팀 정도는 말이다.

태블릿PC에서 흘러나오는 음악에 맞춰 나도 모르게 어깨가 들썩들썩, 자꾸 들썩였다. 신났다. 마리캉의 어깨너머로 아이돌 그룹의 춤 동작을 따라 했다. 내 긴 팔이 출렁출렁, 자꾸만 출렁댔다. 마리캉이 순간 나를 노려보았다. 나도 모르게 얼음이 되었고 마리캉은 내가 춤추는 게 못마땅한지 태블릿PC 여기저기를 만져 보더니 소리를 꺼 버렸다. 마리캉이 네모를 누를 때마다 화면은 번쩍번쩍했지만 소리는 안 났다. 나는 화면만 봐도 신이 났다. 나도 모르게 손을 흔들며 몸을 한 바퀴 돌려 춤을 췄다. 마리캉의 얼굴은 화면과 반대로 계속 어두워졌다. 마리캉은 지도에 대해 더 알아보려고 태블릿PC를 이곳저곳 살펴보는 중이었다. 마치 '지도가 있느냐 없느냐, 그것이 문제로다!' 라고 생각하는 것 같았다. 그것도 아주 심각한 표정으로 말이다.

마리캉이 태블릿PC를 내려놓고 생각에 잠겼다. 골똘히 생각에 잠긴 마리캉을 보면서, 나는 호기심이 생겨 죽을 것 같았다. 화면을 더 볼 수는 없을까? 어깨춤이 절로 나오는 모습을 보고 싶은 마음에 간절한 눈빛으로 마리캉을 바라봤지만 내 눈빛을 쳐다보지도 않았다.

마리캉은 멍한 표정으로 한곳을 쳐다보고 있었다. 마치 넋이 나간 것 같았다. 나는 마리캉의 코앞에서 손을 휘저어 보았지만 내 행동을 전혀 눈치채지 못했다. 나는 이러면 안 되는 줄 알면서도 마리캉 옆에 있는 태블릿PC를 쓱 빼 들었다. 그래도 마리캉이 못 알아챘다. 나도 모르게 태블릿PC를 들었다. 눈을 질끈 감고, 심호흡하고, 일단 이걸 어디로 옮길지 생각해 봤다. 마리캉 몰래 몇 장면만 봐야지! 고목나무 뒤쪽으로 가져가서 보자.

껑껑대고 태블릿PC를 옮겼다. 꽤 큰 소리가 나는데도 마리캉은 꼼짝도 하지 않았다.

'그래, 까짓것 잠깐만 보고 고목나무에 다시 넣어 놓으면 되는 거야. 마리캉도 이해해 주겠지, 나도 함께 3층까지 같이 끌어올렸잖아. 아니지, 잠깐! 마리캉이 1층에 가지 말라고 했는데 내가 나서서 그 위험한 곳에 간 거잖아? 나도 볼 자격은 충분해!'

[6] 아마존 관광을 위해 지어 놓은 숙소를 뜻한다. 임시로 거처하는 오두막집이 원래 단어의 뜻
이다.

[7] 성선택은 암수의 진화와 같은 특수한 형질의 진화에서는 종 내에서 벌어지는 번식 경쟁이
미치는 영향이 크다는 것을 뜻하는 이론이다. 영국의 생물학자 다윈이 주장했다.

[8] 케이팝(K-pop)은 대한민국에서 대중적 인기를 얻는 유행 음악을 말한다. 영미권의 대중음
악을 팝(pop)이라고 부르고, 영미권 이외의 국가의 대중가요도 국가 이니셜을 붙여 나타내
는 데서 케이팝(K-pop)이라고 한다. 특히 대한민국 대중가요가 해외에서 인기를 얻게 된
이후에 케이팝(K-pop)이라는 명칭이 대한민국 대중가요를 가리키는 이름으로 널리 자리
잡고 있다.

3

사각의
마술 상자와
아마존강의
물기둥

불타오르네 겁쟁이 너는 여기로

불타오르네 괴로운 너도 여기로

불타오르네 맨주먹을 높이 들고

(좋아 좋아 아주 좋아 모두 싹 다 태워 버려)

불타오르네 한 걸음 더 걸어가며

불타오르네 하늘 높이 뛰어올라

(좋아 좋아 아주 좋아 모두 싹 다 태워버려)

NO, NO, NO, NO 오늘 밤엔 모두 다

불태워 버린 모든 것 용서해 줄게

나도 모르게 쿵작쿵작 박자를 맞춰 춤을 추기 시작했다. 비록 음악소리는 마리캉이 안 나오게 했지만 안 들려도 그건 별로 문제가 되지 않았다. 화면만 봐도 알겠다. 이렇게 춤이 재밌는 것이었다니. 그러고 보니 화면 속 남자 아이돌처럼 내 팔도 춤추기에는 뭔가 잘 어울리는 것 같았다. 마리캉에게 들리지 않도록 흥얼거리며 따라 불러 봤다. 너무 신났다. 나무 기둥에 태블릿PC를 걸쳐 놓고 화면 속 동작을 따라 했는데, 팔이 길어서 그런 건지 동작 하나하나 바꿀 때마다 뭔가 파워가 느껴지는 기분이 들었다.

"좋아 좋아 아주 좋아 모두 싹 다 태워 버려!"

제자리에서 빙그르르 동그랗게 한 바퀴 돌고 아까 들은 가사를 흥얼거렸다.

"형의 오만한 눈빛 싹 다 태워 버려!"

왠지 내 마음과 가사가 딱 맞아떨어지는 느낌이었다.

"그동안 나를 놀렸던 꼬맹이 원숭이들의 눈빛도 싹 다 태워 버려!"

특히 내가 짝사랑하는 벨라를 향한 마음도 가사와 딱 맞았다.

"벨라의 무관심도 싹 다 태워 버려!"

계속해서 노래를 부르면서 춤을 따라 했다. 아오, 생각만 해도 시원했다. 그동안의 스트레스가 다 날아가는 것 같았다. 리듬에 맞춰 팔을 이리 뻗고 저리 뻗고 춤을 추니 4층에 올라갔을 때처럼, 아니 그보다 더 시원한 느낌이 들었다. 그동안 눌렸던 마음이 뻥 뚫린 것 같았다. 야호! 그러나 아직 발놀림은 따라가기 쉽지 않았다. 열심히 따

3

사각의
마술 상자원
야마촌강의
물기둥

라 하다 보니 어느새 곡의 끝부분이다. 나지막이 따라 해 본다.

"용서해 줄게."

캬, 멋지게 마지막 가사를 입 모양으로 따라 한 후 아이돌처럼 폼을 잡아 보았다. 그럴싸했다. 웃음이 나왔다. 아무리 생각해도 난 멋진 놈이라니까.

형 용서해 줄게, 꼬맹이들아 용서해 줄게, 나에게 관심 없는 벨라도 용서해 줄게! 진짜 내가 생각해도 나 참 너무 멋진 것 같다. 음악이 끝났지만, 여전히 숨이 차오른다. 너무 재밌어서 조금만 쉬었다가 한 번 더 해봐야겠다. 한 번 더 하면 발도 제법 잘 맞을 것 같았다.

숨 한 번 돌리고 화면을 보니 그새 어두워졌다. 그런데 이거 어떻게 틀지? 아, 마리캉에게 말해야 하나? 그 순간 태블릿PC를 마리캉 몰래 가지고 나온 것이 생각났다. 이런 난감할 데가. 일단 마리캉에게 가야겠다고 생각하며 뒤로 돌았다.

"어이쿠, 깜짝이야!"

나도 모르게 벌러덩 뒤로 나자빠졌다. 마리캉이 팔짱을 낀 채 나를 노려보며 말했다.

"갈로핑, 너 뭐야? 내가 태블릿PC, 이거 없어진 줄 알고 얼마나 놀랐는지 알아? 어떻게 네가 나한테 이럴 수가 있어?"

"미안해, 마리캉. 네가 안 보고 있기에……."

"내가 안 봐도 그렇지, 내가 이걸 얼마나 소중하게 생각하는지 몰라? 내가 지도를 못 찾아서 고민하는 사이에…… 네가 나한테 어떻게 이럴 수 있어? 네가 내 진정한 친구라면, 나를 가족보다 더 소중한 존재라 생각한다면 나한테 이럴 수 없는 거야!"

마리캉은 몹시 흥분해서 나에게 막 소리를 질렀다. 처음에는 미안했지만 듣다 보니 나도 열 받는다.

"아니, 마리캉! 네가 안 볼 때 가져갔지, 볼 때 배앗아 건 아니잖아? 나도 이렇게 춤을 신나게 출 수 있는 건데, 친구가 그것도 하나 못 봐주는 거야? 이건 아니잖아, 마리캉!"

마리캉이 움찔했다. 자기가 생각해도 너무 심하게 얘기했는지 가만히 있었다. 나는 계속해서 말했다.

"듣고 보니 조금 그렇다. 이 사각의 마술 상자! 너, 나 아니었으면 어떻게 가져오려고 했니? 널 위해 위험한 1층에 내려간 것도 나잖아. 나, 네 친구, 그냥 친구도 아니고 제일 친한 친구 갈로핑이야. 어떤 위험에서도 너보다 먼저 움직인다고 내가! 너를 위해서! 모르겠어, 내 마음을?"

"……."

어색한 침묵이 흐르고 나도, 마리캉도 마음이 상했는지 말이 없었다. 잠시 어색한 침묵을 깬 건 마리캉이었다.

"갈로핑, 미안해. 내가 생각이 짧았어."

"아니야. 허락도 없이 가지고 나온 건 나니까 내가 더 미안하다."

나는 화해의 표시로 태블릿PC에 가까이 가서 익살스런 포즈를 취했다. 마리캉이 씩 웃었다. 우리는 다시 유쾌하게 어깨를 들썩이며 손으로 입을 가리고 웃었다. 역시 우리는 친구다. 싸우기도 하지만 화해도 정말 빠르다.

마리캉이 태블릿PC로 다가왔다. 마리캉이 손가락으로 화면을 켰다. 화면에 불이 들어오지 않았다. 당황한 나와 마리캉은 서로를 쳐다봤다. 내가 마리캉이 눌렀던 곳에 손가락을 대 봤다. 더 힘을 줘서 꾹 눌렀다. 여전히 화면에 변화가 없었다.

"어, 분명히 네가 여길 누르면 화면이 막 변했었는데, 어떻게 된 거지?"

마리캉의 얼굴이 심각하게 변하기 시작했다. 뭔가 잘못된 게 틀림없었다. 어찌해야 할지 몰라서 허둥지둥 태블릿PC를 요리조리 옮겼다.

"아, 어떻게 하지? 갑자기 이 녀석 왜 저래? 왜 불빛이 안 나오는 거야?"

당황한 내가 뭐라도 해 보려고 하자 마리캉도 힘을 합쳐 위치를 바꿨다가 화면을 다시 눌렀다가 별짓을 다 했다. 하지만 결국 아무 변화가 없었다. 변한 건 마리캉의 눈빛이었다. 점점 불이 붙더니 눈빛이 이글이글 타올랐다. 갑자기 불꽃이 치솟듯이 냅다 소리를 질렀다.

"야, 갈로핑! 너 무슨 짓을 한 거야?"

마리캉의 눈이 분노로 불타오르고 있었다. 노래가 현실이 됐다. 마리캉, 분노로 불타오르네. 싹 다 태워 버려. 화르륵!

깊은 밤, 고목나무 구멍에 태블릿PC를 겨우 넣고 세구란사 무리로 돌아온 나와 마리캉은 조용히 원숭이들 틈에 섞여 잠을 청했다. 잠이 잘 오지 않았다. 대체 내가 무슨 짓을 한 거지? 마리캉도 잠이 잘 안 오는지 뒤척였다.

"마리캉 미안해."

속삭이듯 내가 말했다.

"……."

나는 사과의 표시로 마리캉의 머리를 쓰다듬었다. 털을 골라 주면 마리캉의 마음이 좀 풀릴까 싶어 등의 털을 고르기 시작했다. 마리캉이 나를 확 밀쳤다. 마음 한구석이 '쿵' 하고 내려앉았다. 나보다 어린 꼬맹이들과 형과 아빠와 벨라가 나를 무시해도 받지 않았던, 깊이가 다른 상처가 마음 깊숙이 들어왔다.

아침이 밝아 오고 있었다. 세구란사 무리가 잠에서 깨기 전 조용히 일어났다. 평소 4층에 오를 때면 일어나는 시간이었다. 마리캉에게 어제 일이 못내 미안했다. 밤새 태블릿PC가 변하진 않았을까? 다시 불이 들어왔을 거라는 기대를 하면서 고목나무로 향했다. 우리가 늘 부르는 사각의 마술 상자라는 이름처럼 화면에 불이 마술처럼 들어왔으면 좋겠다. 그러면 마리캉의 화가 금방 풀릴 텐데…….

고목나무 앞에 도착했다. 기도하는 마음으로 고목나무 구멍에 손을 쓱 넣었다. 뭔가 움직였다. 뱀인가?

"으악!"

나무 구멍에서 얼른 손을 빼고 비명을 질렀다. 그런데 그것은 뱀이 아니라 마리캉이었다. 마리캉은 고목나무 구멍에 몸을 잔뜩 구부리고 있었다. 얼굴을 보니 밤새 울었는지 눈이 퉁퉁 부어 있었다.

"마리캉, 언제부터 와 있었던 거야?"

"동틀 때부터. 불안해서……."

고목나무 구멍에서 나올 생각도 하지 않고 대답했다.

"미안해."

"……."

"미안해, 마리캉."

마리캉이 말없이 태블릿PC의 귀퉁이를 만지작거렸다.

"불빛 나와?"

마리캉은 태블릿PC를 발로 퉁퉁 차기만 했다. 아, 밤사이에 마술은 일어나지 않았구나.

"이제 어떻게 하지?"

마리캉이 고목나무 구멍에서 기어 나왔다. 눈이 빨간 채로 눈물을 간신히 참으며 말했다.

"갈로핑, 난 네가 필요해."

마리캉의 설명에 의하면 사각의 마술 상자, 태블릿PC는 전원이 나간 것 같다. 사각의 마술 상자는 전기라는 녀석이 번쩍번쩍 빛을 나오게 해주는 건데 인간 마을로 가서 그때 로지에서 봤던 나무뿌리같이 얽혀 있는 까만 선들에 연결해야 얻을 수 있는 녀석이라고 했다. 그렇다면 다시 로지에 가야 한단 말인가? 그나저나 마리캉 녀석 진짜 천재다. 어떻게 저런 걸 다 알 수 있을까? 정말 신기한 능력을 가진 원숭이다. 나는 물었다.

"우리 둘이 이렇게 무거운 것을 들고 로지까지 갈 수 있을까?"

지난번 1층에서 덩굴을 이용해 간신히 3층까지 올렸던 생각을 하면 까마득했다.

"그렇지? 힘들겠지?"

마리캉이 참았던 눈물을 기어이 쏟았다. 어깨를 들썩이며 우는 마리캉에게 딱히 위로할 말이 없었다. 그냥 주절주절 몇 마디 했다.

"마리캉 울지 마. 대체 이게 뭐라고 그렇게 마음 아파하는 거냐."

가뜩이나 소심해 보이는 마리캉이 점점 작아져서 녹아 없어질 것 같았다. 마리캉의 눈물을 보니, 그냥 쉬이 끝날 일 같지는 않았다.

곰곰이 생각에 잠겨 해결책을 고민했다. 마음속에서 여러 가지 질문과 대답이 떠올랐다 사라졌다.

'내가 누구지?'

'엄마를 닮은 아들. 모험을 두려워하지 않는 용감한 원숭이! 마리캉의 제일 친한 친구.'

'마리캉이 속상하면 내 마음은 괜찮은가?'

'아니!'

'내가 모험을 피할 정도로 겁쟁이인가?

'아니! 4층을 오르내리며 새한테 잡혀갈 뻔한 상황을 두 번이나 이겨낸 나다. 로지도 가 봤다. 나는 할 수 있다!'

마음속으로 생각을 정리한 다음 마리캉을 불렀다.

"있잖아, 마리캉……."

그때 마리캉도 동시에 내게 말을 걸었다.

"갈로핑, 좋은 생각이 났어! 오르굴류 형을 데려가자! 난 지금 영혼도 팔 수 있어! 형을 따라서 로지에서 살겠다고 하자!"

얼마나 간절하면 저렇게 이야기할까 싶었지만 그래도 사실을 얘기해 주는 것이 나을 것 같았다.

"야, 그럼 너는 지도를 찾아도 엄마 아빠는 영영 못 만나. 난 로지에서만 사는 건 자신 없어. 왜냐하면, 평생 밀림을 돌아다니면서 새로운 세계를 탐험할 거니까."

나는 딱 잘라 말했지만 유약한 눈빛을 가진 평소의 마리캉이 아니었다. 내 말을 듣는 둥 마는 둥이었다. 사려 깊게 나의 얘기를 들어주던 마리캉은 어디 간 것일까? 마리캉은 마치 태블릿PC 때문에 천국을 한 번 다녀온 녀석 같았다. 원숭이가 이렇게 하루아침에 변할 수도 있단 말인가?

결론부터 얘기하자면, 로지 계획은 철저히 실패했다. 오르굴류 형을 포섭하는 데까진 성공했다. 형은 마리캉이 하는 말을 듣고 함께 하기로 했다. 마리캉은 나의 의사와는 관계없이, 나와 마리캉이 형을 따라서 새로운 무리를 만들 때 따라나설 의향이 있다고, 적극적으로 동참해서 형을 따라 로지에서 평생 살겠다고 말했다. 언제나 합리적인 오르굴류 형은 잠시 머릿속으로 계산기를 두드려 본 다음 마지못해 우리의 계획에 찬성했다. 오르굴류 형이 있었기에 사각의 마술 상자를 처음 3층으로 올릴 때보다는 훨씬 수월하게 로지에 가져갈 수 있었다.

그런데 하필이면 그곳에서 이 태블릿PC의 주인인 여자아이를 만나고 말았다. 전기란 녀석으로 이 태블릿PC를 배불리 먹여 줄 계획이었지만, 우리는 나무뿌리 같은 전선들 옆엔 가 보지도 못했다. 우리를 쫓아오는 주인 여자아이를 피하느라 나무로 다시 올라갈 틈도 없었다. 자신이 당했다고 생각했는지 밀림에서 진흙에 빠져서 발을 뺄 때보다 더 큰 괴성으로 우리를 쫓아왔다.

셋이 쪼르르 두 팔을 번쩍 들고 그 위에 태블릿PC를 얹고 로지 앞마당을 가로질러 네그루 강가에 섰다. 여자아이가 점점 다가왔다. 맙소사 우리 눈앞에 카이만이 강물 밖으로 눈만 내놓고 있었다. 끔뻑 끔뻑 큰 눈을 감았다 떴다를 반복하는 것 외에는 별 다른 행동을 하지는 않았지만, 카이만은 아마존강에 사는 무시무시한 악어였다. 앞에는 카이만, 뒤에는 여자아이! 이런 걸 사방팔방이 다 막혔다고 표현하는 게 맞을 것 같았다. 이 상황을 어떻게 하지? 도저히 결정을 내릴 수가 없었다. 이때, 상황 판단이 가장 빠른 오르굴류 형이 외쳤다.

"카이만 등으로 뛰어!"

카이만이 우리의 포식자란 사실을 미처 생각할 틈도 없이 콧등을 밟고 기다란 등에 올라타 버렸다. 카이만은 우리가 등에 올라타자 깜짝 놀라 물 밖으로 등을 내밀었다. 다행히 태블릿PC는 젖지 않았다. 하지만 문제는 여기서부터였다.

카이만은 우리가 등에 타자 등을 들썩였다. 우리는 카이만의 등에서 떨어지지 않으려고 폴짝폴짝 이리 뛰고 저리 뛰었다. 팔 위에는 태블릿PC를 얹은 채로. 서커스의 광대처럼 우리 셋은 죽을 힘을 다해 카이만의 등 위에 있었다. 강에 들어가면 우린 끝이다. 저 여자 아이한테 잡혀도 우린 끝이다. 카이만도 여자아이가 신경 쓰이는지 뭍으로 가진 않았다. 우리를 이 강에 빠뜨려 죽이려는 것 같았다. 여자아이는 네그루 강가에 서서 소리만 질렀다. 계속해서 악은 썼지만 그렇다고 우리에게 더 가까이 오지도 못했다. 카이만 때문이었다. 여자아이가 카이만과 눈을 마주쳤는지 비명을 지르며 도망갔다. 우리도 이만 내려야겠다고 생각했지만, 그렇게 되면 등에서 내리는 순간 모두 카이만의 밥이 될 것 같았다.

"너네, 뭐야? 내가 무섭지도 않냐?"

카이만이 물었다. 들썩들썩 움직이던 카이만이 이젠 가만히 있었다. 지쳤나 보다. 거친 숨을 몰아쉬는 카이만의 목소리에 이제야 슬슬 공포가 밀려왔다.

"우리를 잡아먹을 건가요?"

대표로 내가 용기를 내어 물었다. 카이만도 우리를 떼어 내기 위해 몸부림치느라 거친 숨을 몰아쉬면서 눈만 껌뻑였다.

"글쎄, 일단 먹는 건 둘째 치고, 너희가 들고 있는 그 네모난 물건은 뭐지? 인간들이 가지고 다니는 거 같던데?"

죽을 때 죽더라도 사실이나 실컷 얘기하자는 마음이 들어서 나는 카이만에게 그동안 있었던 일을 쭉 알려 주었다. 특히 마리캉이 부모님을 찾기 위해 이 태블릿PC가 필요하다는 사실을 말해 주었더니, 악어의 눈에서 갑자기 눈물 한 방울이 떨어졌다. 우리를 곧 먹으려고 하는 느낌이 들었다. 악어의 눈물. 악어는 자기가 먹은 동물이 불쌍해서 눈물을 흘린다고도 하지 않던가?

"아오, 인간들이 문제야!"

의외의 멘트였다.

"저 로지가 생긴 뒤로 내 가족도 엄청 잡혀갔어. 우리 카이만 잡는 게 글쎄 여행 코스라나 뭐라나, 여행 옵션으로 추가하면 여행객들에게 더 비싼 돈을 받을 수 있나 봐. 원주민들이 옛날 악어를 잡는 방식으로 우리를 잡아가는 체험을 하게 해 주면서 돈을 엄청 받는다고 하더군. 저런 로지 하나 생기면 악어가죽이 남아나질 않아요. 우리 사촌도 인간한테 잡혀가서 반려 악어로 키워지다가 결국 잡아먹혔대. 우리 카이만들은 크면 인간한테 위험하니까 적당히 키워서 잡아먹는다고 하더라고. 원숭이들은 또 그렇지도 않은가 봐? 이 봐 제일 작은 원숭이야, 네 부모님은 살아 계실 거야. 힘을 내!"

카이만은 우리에게 오히려 힘을 줬다. 우릴 잡아먹진 않을 모양이었다. 천만다행이었다. 그나저나 카이만의 등에서 어떻게 내리지? 모두 눈알을 굴리며 열심히 생각하는 중이었다. 그중에서도 오르굴류 형의 머리 굴리는 소리가 여기까지 들릴 기세였다. 형은 로지 쪽을 바라보며 뭐라고 웅얼댔다. 탈출 방법을 짜는 것 같았다. 이번엔 형을 믿어 봐야지.

"저기 그런데요, 이 사각의 마술 상자가 불이 안 들어와요. 태블릿PC라고도 하는데 전기가 필요한 것 같아요. 가까운 로지는 아까 저기뿐인데, 전기 충전할 데 없을까요?"

마리캉이 카이만에게 질문을 던졌다. 두 다리가 후들거렸다. 얘는 지금 카이만의 등에 더 있겠다는 건가? 내가 알던 마리캉이 맞나 싶다. 오르굴류 형은 마리캉의 머리를 한 대 쥐어박으려다 태블릿PC가 휘청이니 금세 다시 붙잡았다. 우리 셋과 카이만이 태블릿PC를 빠뜨리지 않으려고 협동하는 모습을 누군가 촬영한 다음 남겨 뒀어야 하는 건데. 중심을 잡으려고 카이만도 우리도 휘청거리는 진풍경이 벌어졌다.

"보뚜에게 가자. 보뚜는 아마존에서 일어나는 일은 모르는 게 없어."

그러더니 카이만은 힘차게 다시 물살을 가르기 시작했다.

보뚜는 아마존강의 천사처럼 착하고 인상 좋은 고래였다. 세계에서 유일하게 민물에 사는 고래로 몸 색깔이 핑크빛이었다. 사람만큼 몸집이 커서 주로 수심이 깊은 아마존강 한가운데에 살았다. 마리캉이 설명을 덧붙였다.

"보뚜의 전설은 저도 알아요! 보뚜는 밤이 되면 인간이 되어서 인간과 사랑을 나눈대요."

역시 천재 마리캉, 우리 셋 중엔 네가 제일 똑똑하구나. 잘났다 그래 정말. 카이만이 기분 좋게 웃었다. 오르굴류 형이 마리캉에게 소리 질렀다. 미쳤냐는 말 같은데, 카이만에게 들리지 않게 말하려고 하는 건지 통 무슨 말인지 못 알아듣겠다.

"이봐, 키 큰 원숭이, 내 결정에 불만이야?"

오르굴류 형이 갑자기 아무 소리를 하지 않았다. 카이만은 유유히 물살을 헤치며 점점 더 깊은 아마존강으로 나아갔다. 점점 뭍에서 멀어질수록 걱정만 태산이던 내 마음에 이상한 바람이 불었다. 뭔가 힘이 불끈 솟았다. 생각해 보니, 태어나서 처음으로 아마존강의 깊은 데까지 와 봤다. 신이 났다. 생각지도 못한 모험인걸! 금세 나는 긍정적인 태도로 돌변했다. 역시 모험 체질이야, 난!

그러나 나만 신났다. 마리캉과 오르굴류 형은 사시나무 떨듯 떨고 있었다. 그런 둘의 떨림이 전달됐는지, 카이만이 재미있다는 듯 껄껄 웃었다. 아마존강의 깊은 데까지 다 온 것일까? 카이만이 발로 계속 제자리에서 수영하며 우리를 물 위에 떠 있게 해 줬다.

"이봐 보뚜, 나야 카이만. 좀 나와 봐. 물어볼 게 있어."

갑자기 사람 같이 생긴 고래가 물 밖으로 튀어나왔다.

"안녕 카이만, 여기까지 웬일이야? 원숭이가 여기까지 왜 왔을까?"

물보라를 일으키며 우아하게 공중으로 점프하는 보뚜. 보뚜는 카이만과 우리 모두를 바라보며 눈인사를 하더니 다시 물속으로 들어갔다. 정말 기분 좋게 만드는 고래였다. 너무 아름다웠다.

"우리가 지금 들고 있는 물건을 다시 살리려면 어떻게 해야 할까요?"

"그건 인간의 물건 같은데? 인간들에게 가야지!"

"인간들에게 갔다가 쫓겨났어요. 다시 뺏길 판이라고요. 우리끼리 해결할 방법은 없을까요?"

나는 물에 대고 소리를 질렀다. 보뚜가 알아듣고 갑자기 물 밖으로 점프를 했다. 아름다운 몸으로 햇빛을 반사하며 다시 물속으로 들어가기 전에 한 마디 툭 던졌다.

"므리캉을 찾아가!"

아마존강이 바짝 마른 건기의 밀림을 흐르는 물줄기를 따라 카이만이 우리를 안내해 주었다. 강 옆으로 비쩍 마른 나무뿌리가 흉물스럽게 모습을 드러내고 있었다. 언제 어디서 아나콘다가 기어 나올지 모를 일이었다. 다시 1층이다. 밀림의 슬럼가, 깡패들이 득실대는 험난한 곳에 우리는 결국 또 와 버렸다.

므리캉은 주로 아마존강 밀림의 진흙탕 속에 살았다. 므리캉은 아마존강에 사는 전기뱀장어를 말한다. 보뚜의 설명에 의하면 므리캉은 자신의 몸에 최대 800볼트까지 전류를 흐르게 만들어서 주변의 물고기들을 죽여서 먹고 산다고 했다. 솔직히 800볼트가 무슨 의미인지 모르겠다. 그러나 마리캉은 800볼트라는 말을 이해했는지 떨듯이 기뻐했다.

"됐어, 됐어! 태블릿PC를 켤 수 있을 거야. 야호!"

그동안 인상을 쓰고 풀 죽어 있던 마리캉의 얼굴이 펴지니 어둡던 1층이 조금은 환하게 느껴졌다. 다행이다. 마리캉이 다시 기운을 차려서.

"어이, 감이 온다고. 므리캌이 다가오고 있어. 찌릿찌릿 전기가 물속에 흐르고 있어. 나는 이만 간다. 이젠 므리캌과 인사해. 이 녀석을 물에서 만나면 나도 곤란하다고. 먼저 간다, 안녕."

물속에서 눈만 빼꼼 내밀고 있는 카이만이 잠수하며 말했다.

"우리를 싣고 오느라 정말 힘들었을 텐데, 잘 가요 카이만. 고마워요 카이만."

"아니야, 고맙긴. 이쯤이면 므리캌을 만날 수 있을 거야. 인간들이 로지를 지어서 무슨 짓을 벌이나 정탐하러 왔다가 너희들을 만나게 되었구나. 어이, 꼬마 원숭이야, 꼭 부모님을 찾길 바란다."

"고마워요, 카이만."

오르굴류 형이 제일 큰 소리로 인사했다. 카이만이 고개를 절레절레 흔들며 멀어져 갔다.

카이만과 헤어진 우리도 나무뿌리 위에 태블릿PC를 내려놓고 서로의 팔을 주물러 줬다. 강물에 이 녀석을 빠뜨리지 않으려고 얼마나 벌을 섰던가. 두 팔을 쭉 뻗었는데 나는 팔이 길어서 끝까지 펼 수가 없었다. 오르굴류 형이나 마리캉의 팔 길이에 맞추느라 구부려서 팔을 들고 있었더니 더 아픈 것 같았다.

"므리칵! 므리칵? 우리를 도와 줘요."

마리캉이 애절하게 물에 대고 소리쳤다. 치이익. 물속에서 불꽃이 튀었다.

"너희는 뭐하는 녀석들이야? 뭔데 날 불러?"

불량하게 눈이 찢어진 물고기가 주변에 불꽃을 일으키며 물가로 나왔다. 진흙탕을 더 만들려고 그런 건지 꼬리로 물을 더 흐렸다. 이번에는 오르굴류 형이 나섰다. 여차여차, 이러쿵저러쿵. 여기까지 오게 된 이야기를 다 들은 므리칵도 감동을 하였는지 재미있는 대목에서는 불꽃이 더 튀었다. 특히 카이만이 태워 줬다는 대목에선 불꽃이 더욱 거세게 일었다.

"아니, 한입 거리인 너희를 태우고 여기까지 와 줬다고? 이번에 새로 생긴 로지에서? 맙소사. 이건 아마존강의 기네스북에 오를 일이군. 카이만한테 잡아먹히지 않고 태블릿PC 충전하러 나한테 온 너희 얘기가 말이야."

므리칵이 꼬리를 물속에서 휘휘 내저었다. 그의 몸에서 불꽃이 더욱 튀었다. 므리칵이 결심했다는 듯 말했다.

"카이만도 해 주는 걸 나라고 못 하겠어? 너희의 소원을 들어주지! 사각의 마술 상자인가, 태블릿PC인가 뭔가 하는 걸 이리 줘 봐!"

생각지도 못한 대목에서 일이 척척 풀렸다. 우리는 다시 기운을 내서 나무뿌리 위에 올려 둔 태블릿PC를 번쩍 들었다. 마리캉의 지시대로 상자 옆면에 얇게 뚫린 구멍을 물에 가까이 댔다. 조심조심. 물에 가까이 가되 빠뜨려선 안 된다.

므리칵이 꼬리를 물 위로 척 올려서 구멍에 댔다. 지이익. 태블릿PC와 므리칵 사이에 불꽃이 튀었다. 찌지직. 화면이 켜졌다. 만세! 동그란 원이 나타나더니 색깔이 조금씩 채워졌다. 므리칵이 더욱 힘을 주는 것 같았다. 마리캉은 나와 형에게 태블릿PC를 들게 하고는 나무 밑동에 올라가 화면을 봤다.

"므리칵 힘을 내요. 조금만 더, 조금만 더! 저 동그라미에 색깔이 다 차면 우리는 오랫동안 태블릿PC를 볼 수 있을 거예요. 힘을 내요, 므리칵!"

므리칵이 젖 먹던, 아니지, 물고기가 젖을 먹었을 리는 없고, 어릴 때 먹이 먹던 힘까지 짜내며 막판까지 힘을 냈다. 800볼트까지 전기를 올리려나 보다. 나와 형은 팔이 떨어져 나갈 것 같았다. 마리캉의 힘찬 목소리에 팔을 내릴 수도 없었다. 조금만 더, 조금만 더, 힘을 내자.

펑!

갑자기 아마존강의 물이 거대한 물기둥을 만들며 위로 솟구쳤다.

"어어, 뭐지?"

태블릿PC도 물기둥을 따라 하늘로 치솟았다. 우리 셋은 동시에 하늘을 올려다봤다. 물기둥이 하늘까지 뚫을 기세였다. 엄청난 장관이었다.

"나무 위로 올라가! 상자를 쫓아!"

역시 결정적인 순간에는 나이가 들었다는 것이 헛된 것만은 아니었다. 지금까지 보뚜를 만나고 므리캄을 만나러 오는 내내 후회와 짜증이 섞인 한숨만 짓던 오르굴류 형이 지시를 내렸다.

형의 명령에 정신을 못 차리던 나와 마리캉은 나무로 냅다 뛰었다. 거대한 뿌리가 얽혀 있는 1층에서 점점 잔가지들이 뻗친 4층을 향해, '생명의 나무'를 타고.

오르굴류 형이 계속 소리쳤다.

"더! 더 올라가, 더 올라가."

형이 땅 쪽에서 하늘을 보며 태블릿PC가 어디까지 솟구치는지 방향을 잡아주면 우리는 그쪽으로 부지런히 뛰었다. 므리캄의 목소리가 멀리서 조그맣게 들렸다.

"원하는 대로 다 이루어지길 바란다."

므리캄의 목소리가 공기 중에 흩어졌다. 저 멀리 므리캄이 배가 벌러덩 뒤집힌 채 물속에서 바둥거리는 모습이 보였다. 몸에 있는 전기를 다 썼는지 더는 불빛을 보이지 않았다.

"므리캌, 고마워요."

다시 몸을 뒤집으려는 므리캌을 바라보며 우리도 목청껏 외쳤다. 그 찰나, 갑자기 세상이 환해졌다. 하늘로 무서운 기세로 솟구치던 물기둥이 주춤했다. 우리는 너무 환한 빛 때문에 눈이 부셔서 손으로 얼굴을 가렸다. 오르굴류 형이 외쳤다.

"얘들아 피해! 물기둥에서 인간이 튀어나왔어! 도망가!"

놀란 우리가 물기둥의 끝을 바라봤다. 물기둥 속에서 흰 수염을 한 투명한 할아버지 한 사람이 쑥 튀어나와 있었다. 흡사 램프의 요정 지니 같았다. 물기둥이 주춤하더니 다시 땅으로 내려가기 시작했다. 땅 쪽에서 오르굴류 형의 다급한 목소리가 들렸다.

"야, 태블릿PC 떨어진다. 잡아!"

나와 마리캉은 혼비백산 정신을 못 차렸다.

"어어, 떨어진다고!"

아래에서 오르굴류 형의 절규가 들렸다. 우리는 무슨 상황인지 몰라서 두리번거리는데 갑자기 투명 인간이 점점 진한 색으로 변하며 더 완전한 색으로 바뀌었다. 공중에 들려 있던 투명 인간은 진짜 사람처럼 변하더니 공중에서 두 팔로 허우적댔다. 투명 인간이 모습을 다 갖추자 갑자기 자기 옆에 있던 태블릿PC를 획 낚아챘다.

"어, 그건 안 된다고!"

놀란 오르굴류 형이 나무를 타고 올라왔다.

"안 돼."

흰 수염의, 물기둥에서 출현한 투명 인간이 손을 뻗어 나뭇가지를 잡았다. 다른 한 손으로 태블릿PC를 꼭 껴안은 채.

4

나무 지붕에
주차한
어느 별인

"아이고, 또 죽을 뻔했네."

나뭇가지에 대롱대롱 매달려 있는 투명 인간이었지만, 지금은 투명하지 않은 흰 수염의 할아버지가 혼잣말을 했다. 우리 셋은 살금살금 그에게 다가갔다. 마리캉은 유난히 안절부절못했다. 태블릿PC가 낯선 인간에게 있으니 당연한 반응이다. 살금살금. 나무줄기를 타고 오르는 동안 굵직한 나뭇가지가 나오면 그 뒤로 쪼르르 숨었다가 눈치를 보며 잽싸게 그가 있는 곳으로 향했다.

흰 수염의 인간이 나뭇가지를 꽉 잡았다. 자신의 몸을 앞뒤로 반동을 줘서 흔들며 점점 반동의 폭을 키우더니 나뭇가지를 축으로 한 바퀴 돌았다. 그리고 안전하게 나뭇가지 위로 올라섰다. 흡사 우리 원숭이 같았다. 다른 거라면 여전히 한 손에 태블릿PC를 꼭 쥐고 있다는 사실이었다. 나뭇가지를 잡았던 손으로 자신의 양복을 털었다. 그리고는 갑자기 자신의 몸을 더듬더듬 만져보더니 깜짝 놀랐다.

"맙소사. 이게 어떻게 된 일이지? 왜 내 몸이 만져지는 거지? 난 투명해서 보이지 않았는데. 이건 뭐, 마치 지구에서 살았을 때처럼 정말 인간의 모습으로 변했잖아?"

흰 수염의 인간이 혼잣말을 계속했다. 그러면서도 신기한지 계속 손으로 더듬더듬 자신의 몸을 만졌다. 그러나 여전히 태블릿PC는 내려놓을 생각을 안 했다.

몸을 더듬다 또 옷을 털었다. 그 행동이 어찌나 큰지 우리도 움찔했다. 더 다가가도 될지 몰라서 우리 셋은 서로 바라만 보고 말을 할 수 없었다. 오르굴류 형이 손을 앞으로 뻗었다. 전진하란 소리였다. 인간이 우리 쪽을 봤다. 그러면 우리는 또 움찔하면서 나뭇가지 뒤로 몸을 숨겼다. 옷을 털다 말고 흰 수염의 할아버지가 또 우리 쪽을 바라봤다. 이번엔 옷을 더 털지 않았다. 가만히 서서 바라보다가 서서히 우리 쪽을 향해 발걸음을 옮기기 시작했다.

"형, 어떻게 해? 저 인간이 우리 쪽으로 오는 것 같은데?"

나는 어찌할 바를 몰라서 오르굴류 형에게 도움을 청했다. 대답이 없었다. 돌아보니 형은 온몸을 사시나무 떨듯 떨고 있었다. 나이값 하던 형은 어디로 간 것인가. 큰일이다. 이를 어떻게 하면 좋단 말인가.

그때였다. 불쑥, 마리캉이 나뭇가지를 벗어나 흰 수염의 할아버지에게로 향했다. 마리캉을 평생 봐 왔지만, 태블릿PC를 만난 후로 내가 아는 마리캉이 맞는지 헷갈릴 만큼 대담한 행동을 서슴지 않았다. 어디에서 저런 용기가 나오는 것일까 궁금했다.

"당신은 누구신가요? 당신이 들고 있는 그 상자는 우리 물건이에요. 돌려주세요!"

마리캉이 단호하게 요구했다. 그러나 우리의 말은 인간에겐 껙껙거리는 쇳소리로 들릴 뿐이었다. 우리말로 열심히 설명한들 저 사람이 알아들을 턱이 없을 텐데 어쩌자는 것일까.

"응? 허허, 이게 너희들 것이구나. 자, 여기 가져가렴. 단, 나도 부탁이 있단다. 실은 이렇게 너희들 눈에 내 모습이 보이면 안 되거든. 왜 내가 예전처럼 이런 몸을 갖게 됐는지 알아봐야 하니까 이 태블릿 PC를 같이 좀 써도 되겠니?"

껙껙, 인간의 입에서 우리와 똑같은 언어가 나온다. 이상한 사람이다. 인간이 원숭이의 언어로 똑같이 대화하다니 말도 안 되는 일이 벌어진 것이다. 이 상황을 어떻게 이해해야 할지 모르겠다는 듯 마리캉은 우리를 바라봤다. 사시나무 떨듯 떨던 오르굴류 형은 인간의 말을 듣더니 안심이 되었는지 어느새 특유의 오만한 표정을 되찾았다. 마리캉이 있는 곳으로 풀쩍 뛰어가더니 할아버지에게 손가락질하며 대뜸 말을 걸었다.

"같이 쓰게 해 드릴게요. 단, 우리가 몸집은 작아도 꽤 힘이 셉니다. 이상한 행동을 한다면 가만두지 않겠어요!"

오르굴류 형은 더 크게 소리를 지르며 할아버지 인간을 위협했다. 흰 수염의 할아버지는 더욱 유쾌하게 웃으며 고개를 크게 끄덕였다. 마리캉이 조심스럽게 물었다.

"당신은 누구신가요? 보뚜인가요? 보뚜는 밤이 되면 사람으로 변한다고 들었어요. 아까 우리에게 므리캇에 대해 알려 준 보뚜, 당신 맞지요?"

제발 맞다고 말해 달라는 간절한 눈빛으로 마리캉이 흰 수염의 할아버지에게 물었다. 마리캉은 참 똑똑하면서도 이럴 때 보면 자기가 이해하는 만큼만 세상을 보려는 또 다른 고집이 있었다. 변수는 용납할 수 없었다. 마리캉에게 인간 할아버지는 그래서 꼭 보뚜여야만 하는 것이다. 마리캉은 유약해 보이지만 단단한 내면을 가진 원숭이다.

흰 수염의 할아버지가 또 사람 좋게 너털웃음을 크게 웃었다.

"안녕, 난 다윈이라고 해."

나와 오르굴류 형은 눈이 동그래져서 서로를 바라봤다. 다윈? 다윈이 누군데? 마리캉은 갑자기 손뼉을 쳤다.

"정말 당신이 다윈인가요? 정말이에요? 찰스 다윈이라고요? 다양한 생물 종이 존재하는 원리로 자연선택을 얘기한 그 다윈이요? 우와, 놀라워요!"

와, 다시 한번 말하지만 마리캉은 천재다. 어느새 오르굴류 형의 표정이 썩어 있었다. 마리캉이 자기보다 잘났다는 표시인 줄도 모르고 불쾌한 표정을 하는 형은 못났다, 정말.

"할아버지는 옛날 옛적에 돌아가셨다고 알고 있어요. 정말 찰스 다윈 맞아요?"

마리캉은 믿기지 않는다며 거듭 확인했다. 하지만 그의 눈에서는 설렘의 레이저가 발사되고 있었다. 흥분에 가득 찬 마리캉을 보며 나와 형은 할 말을 잃고 흰 수염의 할아버지와 마리캉만 번갈아 가며 바라볼 뿐이었다.

"하하. 맞아. 나는 지구에선 죽은 사람이지. 나는 원래 1809년에 영국에서 태어나서 1882년에 죽었단다. 그런데 지금은 '어느 별'이라는 외계의 행성 사람이야."

"'어느 별'이라고요? 지구를 떠나서 거기에서 살고 있다고요? 그럼 왜 여기 있는 거죠?"

오르굴류 형이 큰 흠이라도 찾은 듯 의기양양하게 할아버지에게 따졌다.

"지구에서 죽고 나니 '어느 별'이라는 외계의 행성으로 영혼이 가게 되더구나. 거기에서 영원히 살 줄 알았는데……."

"그런데요? 왜 지금 여기에 있는 거죠?

마리캉은 궁금한 게 너무 많았나 보다. 나는 여전히 상황 파악이 안 되는 중인데 말이다.

"하하하, 나는 '어느 별'에 살면서 이곳 지구의 허파라고 불리는 아마존강의 밀림이 최근에 너무 많이 훼손돼서 걱정되더구나. 그래서 오게 되었어."

"아니, 어떻게요? '어느 별'에서 지구에 어떻게 올 수 있죠?"

마리캉이 물었다.

"내가 살고 있는 '어느 별'이라 불리는 행성은 투명해서 우주의 어느 곳에서도 보이지 않는단다. 덕분에 어느 행성이든지 투명해서 보이지 않게 이동할 수 있지. 그래서 투명 인간이 돼 몰래 지구에 온 거야. 나처럼 죽은 사람 중에는 외계인의 놀라운 기술로 투명 인간 처리가 돼서 지구를 떠도는 사람들이 은근 많단다."

"그럼 할아버지 말고도 우리 주변에 죽은 사람들이 엄청 많겠네요? 옴마나, 무서워라. 귀신이야!"

오르굴류 형이 할아버지의 말을 끊고 펄쩍 뛰었다. 당장이라도 도망갈 태세다. 센 척하는 형의 민낯이 드러나는 순간이었다.

"형, 좀 진정해. 할아버지가 더 설명하시려고 하잖아."

나는 어느새 할아버지의 이야기에 푹 빠져드는 중인데, 형이 자꾸 거슬린다. 할아버지는 껄껄 웃으며 우리를 바라보며 자신의 이야기를 이어갔다.

"주로 지구에 살았을 때 인간들의 인식에 큰 변화를 줬던 인물들이 나처럼 투명 인간으로 지구에 와 있어. 지구에서 현재 살아가는 사람들이 죽은 사람에 대해 생각을 많이 해 주면 지구에 올 수 있단다. 나처럼 사람들에게 나름 영향을 많이 미친 사람은 살아 있는 사람들의 생각 에너지를 통해 이동이 훨씬 수월하게 되는 셈이지. 하하. 이해가 되려나? 본의 아니게 너무 큰 비밀을 말해 버렸네."

휜 수염의 인간이 자신을 더 자세하게 소개했다. 살아 있을 때 지구에서는 《종의 기원》, 《인간 유래와 성 선택》, 《인간과 동물의 감정 표현》이란 책을 쓴 생물학자이자 박물학자라고 했다. 자신이 얘기한 자연선택과 성선택은 자연과 인간을 신이 창조하지 않고 그들 스스로 진화해 왔다는 점을 설명할 수 있는 이론이어서 사람들에게 큰 영향을 끼쳤다는 부연 설명도 잊지 않았다.

할아버지의 말씀을 종합하면, 다윈 할아버지는 내가 어릴 때부터 어른들에게 자연선택이니, 성선택이니 귀에 못이 박히도록 들었던 단어를 고안한 사람이란 얘기다.

"마리캉, 저 할아버지가 지난번에 네가 잠깐 얘기한 그 다윈이란 인간 맞지?"

혹시 내 예상이 잘못됐을까 봐 마리캉의 귀에 소곤거렸다. 마리캉이 힘차게 고개를 끄덕였다.

"전에 내가 얘기했잖아."

마리캉은 자랑스럽게 내게 속삭였다. 이제야 상황이 이해가 된다. 와, 정말 그 사람이라고? 질문할 게 한둘이 아니겠는데? 나도 모르게 손을 번쩍 들었다. 마리캉과 오르굴류 형이 나를 바라봤다. '우리 셋뿐인데 굳이 손 안 들어도 되거든?'이라고 핀잔을 주는 눈빛이

다. 머쓱해진 내가 손을 내렸다. 우리 셋은 눈이 마주치자 손을 가리고 킥킥거리며 웃고 말았다. 낯선 할아버지 앞에서 어느새 긴장이 풀린 것이다. 할아버지가 위험한 사람은 아니니까.

"할아버지, 저는 할아버지를 만나 보고 싶었어요! 우리는 어릴 때부터 할아버지가 애기한 자연선택과 성선택이란 말을 많이 듣고 자랐거든요."

세구란사 대장 아주머니가 내가 4층에 갈 때마다, 엄마 애기를 할 때마다 우리는 '생존'해야 '자연선택'을 받을 수 있다고 말하던 순간이 떠올랐다. 다섯 살이어서 발정기가 시작되는 나이인데도 암컷들에게 눈길조차 못 받는 내가 위축되는 이유도 떠올랐다. '성선택'을 받아야 번식할 수 있고, 원숭이의 삶의 목적은 비로소 이루어진다는 아빠의 신념도 떠올랐다. 다윈 할아버지에게 그동안 내가 겪고 느꼈던 애기들을 해 드렸다. 덤으로 친구 자랑도 빠뜨리지 않았다.

"내 친구 마리캉은 할아버지를 이미 알고 있었어요. 이 친구는 모르는 게 없다니까요!"

마리캉이 어깨를 으쓱했다. 나는 다시 할아버지에게 질문했다.

"책은 인간들이 읽고 있는 걸 봐서 무엇인지 알고 있는데요, 자연선택, 성선택을 더 자세히 알고 싶어요."

마리캉도 질문을 한다.

"아까 우리에게 말씀하신 내용 중에 신이 자연과 인간을 창조하지 않았다고 하셨잖아요, 그게 중요해요? 진화론에 대해 아마존강의 밀림에 탐험 온 사람들을 통해 들은 적이 있는데 자세한 내용을 더 알고 싶어요. 좀 더 알기 쉽게 말씀해 주세요."

마리캉의 지식이 빛을 발했다. 처음에 나는 내가 뭘 모르는지도 모르겠고 저 할아버지가 외계어로 주문을 외우는 줄 알았다가, 겨우 자연선택과 성선택이란 단어를 알아챘는데, 역시 마리캉의 질문은 차원이 다르다.

"하하, 이 녀석 정말 갈로핑 말대로 대단한 원숭이인데? 신이 자연과 인간을 창조하지 않았다는 것은 당시 서양인들에게 날벼락 같은 얘기였단다. 나 또한 자연이 신의 개입 없이도 스스로 변화하고 있다는 생각을 말할 수 없었지. 월리스[9]라는 학자가 나와 같은 생각을 적은 논문을 보내지 않았더라면 《종의 기원》이란 책은 세상에 나오지 못했을 거야. 내가 생각한 진화론이 신을 부정하는 것이기에 내가 사는 기독교 중심의 사회에 얘기하기 두려웠지만, 나와 같은 자연선택 원리를 생각하는 글을 보게 돼서 용기를 내 책을 세상에 발표할 수 있었던 거야. 이제 사람들은 신에 의해서 자연과 인간이 생겨나고 유지된다는 생각보다 내가 제안한 대로 자연선택 때문에 이 세상이 변화한다고 이해하게 됐어. 그러니 나의 영향력이 엄청났겠지? 이해가 되니?"

마라캉의 질문으로 나는 할아버지가 무슨 얘기를 하는지 조금

씩 알게 되는 느낌이 들었다. 야무지게 이것저것 질문도 하고 이해가
안 되는 건 되묻기도 하는 마리캉이 자랑스러웠다. 오르굴류 형은 나
와 마리캉을 새삼스럽게 바라보고 있었다. 특히나 마리캉이 저렇게
대단한 줄 몰랐겠지. 하지만 역시나 형은 자신의 목적만 이루면 그뿐
그 이외의 다른 일들은 별 관심이 없었다. 지금도 그렇다. 처음엔 놀
랐지만, 곰곰이 생각해 보니 할아버지의 말을 다 들을 필요가 없다고
생각했을 거다. 형의 표정은 다시 험악하게 변했다.

"마리캉, 그만 물어봐. 우리는 먼저 저 태블릿PC를 찾아야 하지
않겠어? 어두워질 텐데 세구란사 무리로 돌아가야지!"

오르굴류 형은 '솔직히 나는 저 할아버지가 뭐라고 하는 건지 관
심이 없다'는 표정이었다. 내가 자신보다 먼저 할아버지에게 질문하
는 모습도 마음에 안 들었던 거고, 마리캉의 잘난 모습을 인정하기
싫어서 먼저 대화를 끊는 거라는 걸 눈치챘다. 하지만 형의 말이 틀
리지 않았다. 어두워지기 전에 무리로 돌아가야 했다. 우리는 낮에
움직이는 동물이라서 밤에는 밀림을 돌아다니지 않았다.

"걱정 말거라. 돌려줄 테니까. 그런데 아까도 얘기했듯 아무래도
내 모습이 노출된 건 이 기계와 관련이 있는 것 같은데. 좀 알아보고
줘도 될까?"

마리캉이 나를 봤다. 결정하지 못하겠다는 표정이었다. 형도 나
를 봤다. 내 의견에 따라 결정이 될 터였다. 어떻게 해야 할지 조금

고민스러웠지만, 솔직히 난 새로운 상황이 좋았다. 기왕 이렇게 된 거 모험을 하고 싶은 생각이 들었다. 그리고 무엇보다 할아버지와 더 얘기를 나누고 싶었다.

"네, 그러세요."

나는 명쾌하게 대답했다.

마리캉은 안도의 한숨을 쉬고, 형은 화가 나서 표정이 일그러졌다. 어쩔 수 없었다. 아무리 혼자서 돌아가려고 해도 형 혼자서는 다시 어떻게 돌아가야 할지 전혀 감이 안 올 테니까 괜찮다.

"대신 우리를 도와주세요. 므리캉을 찾느라 무리를 떠나왔는데, 다시 어떻게 돌아가야 할지 모르겠어요. 저 태블릿PC 안에서 지도를 찾아 주세요. 지도를 보고 우리 무리로 돌아가야 해요."

마리캉이 도움을 청했다.

다원 할아버지는 껄껄 웃으면서 전원을 켰다. 눈부신 화면이 빛을 내뿜었다. 할아버지가 화면을 톡톡 치니 화면이 스크린처럼 둥실 밀림 나무에 비쳤다. 더 커진 화면으로 우리는 태블릿PC를 들여다보는 셈이었다. 벌써 어두워지고 있었다. 칠흑 같은 어둠이 밀림을 덮자 화면에서 나온 빛은 더욱 선명하게 사방을 비췄다.

"안에 지도가 있나 찾아볼까."

다원 할아버지가 말했다. 나는 그동안 태블릿PC를 발견하면 하고 싶은 일이 있었다. 무리로 돌아가는 것이 가장 급한 일인 지금 이런 말을 해도 될지 모르겠지만 용기를 내 보기로 했다.

"저기……."

"응?"

"저기……."

나는 마리캉의 눈치를 보며 쭈뼛쭈뼛 말을 걸었다. 마리캉과 오르굴류 형은 영문을 모르겠단 표정이었다.

"저는 춤도 보고 싶어요."

내가 용기를 내서 말했는데 마리캉의 표정이 점점 어둡게 변하더니 퉁명스럽게 말했다.

"안 돼, 갈로핑. 네 춤 때문에 전원이 나갔던 거잖아. 전원 나가면 므리칵한테 또 찾아갈 거야? 이 난리를 한 번 더 겪으라고? 내 부모님 찾는 게 더 중요하다고! 너도 그걸 동의해서 같이 온 거 아니야?"

틀린 말은 아니었지만 마리캉이 나를 이해해 주지 못한다는 생각이 들자 눈에서 눈물이 핑 돌았다. 춤을 췄을 때의 쾌감을 마리캉이 알 턱이 없었다. 마리캉의 말이 맞다. 마리캉의 엄마 아빠를 찾는 일에 비하면 내 춤은 사치에 불과할지도 모른다. 그러나 포기하고 싶지 않았다. 계속 연습해서 멋진 춤을 꼭 추고 싶었다.

"너 무슨 일을 한 거야? 또 4층 올라갔을 때처럼 사고 친 거 아니야? 원숭이한테 춤이 무슨 필요야? 너 자꾸 이상한 짓만 골라 할 거야? 그리고 세구란사 무리로 돌아가야 내가 새로운 무리를 꾸려서 떠난다는 말을 하지. 자꾸 이렇게 내 계획이 늦어지면 곤란하단 말이지."

오르굴류 형은 일단 나부터 혼내고 본다. 형은 형이 원하는 바가 있다. 나는 내가 원하는 바가 있다. 마리캉은 마리캉이 원하는 바가 있다. 이럴 땐 어떻게 해야 할까? 나도 모르게 다윈 할아버지를 바라봤다. 뭔가 결론을 내 주길 기대하는 눈빛으로.

"이거 내가 껴도 되는 문제일까?"

우리 셋은 다윈 할아버지를 바라봤다. 그러자 할아버지가 우리에게 다시 물었다.

"원숭이가 춤을 춘다는 말은 뭐지?"

나의 눈이 반짝였다. 태블릿PC 화면을 터치해서 아이돌 그룹의 춤을 보여 드렸다. 화면에서 나오는 춤을 따라 추며 나도 모르게 4층에서 느낀 자유를 만끽했다. 박력 있게 나의 긴 팔을 이용해서 춤을 췄다. 마리캉과 오르굴류 형은 얼굴이 점점 일그러졌다. 나는 금세 자신이 없어졌다. 마음에서 소리가 자꾸 들렸다.

'갈로핑, 너 정말 이상한 원숭이인 거 알지?'

그렇다. 긴 팔을 흉하게 휘두르며 인간을 따라 하는 나는 이상한 원숭이가 맞다. 점점 춤을 추는 속도가 느려졌다. 그만하자. 나 때문에 마리캉은 지도도 못 찾고, 세구란사 무리로 가는 길을 못 찾을 수도 있잖아. 이상한 짓은 그만해야 하는 게 맞다.

다윈 할아버지가 인자하게 웃었다.

"갈로핑이 근심이 많은가 보구나."

앗? 어떻게 아셨지? 나를 알아준다는 생각이 들자 나도 모르게 편하게 이야기가 나왔다.

"저는 팔이 긴 이상한 원숭이예요. 아이돌처럼 춤을 출 때 행복해요. 전 세구란사 무리를 벗어나서 새로운 장소에 가고 싶어요. 이런 저의 행동 때문에 무리의 원숭이들을 늘 걱정시키지만요. 형은 제가 합리적이지 않대요. 아빠는 제가 안전을 추구하지 않아서 큰 손해를 볼 거래요. 세구란사 대장 아줌마는 제가 자연의 선택을 받지 못할 거래요. 모험을 좋아하는 원숭이, 춤을 좋아하는 원숭이, 팔이 길어 우스꽝스러운 원숭이, 다섯 살인데 암컷들은 쳐다보지도 않는 수컷 원숭이예요. 이 모든 것을 종합해서 말하자면 저는 이상한 원숭이예요. 저는 어떻게 해야 할까요?"

"흠…… 이상한 원숭이라……. 이 부분에 대해 할 얘기가 많지만 먼저, 모험에 관해 얘기하고 싶구나. 모험이 이상한 걸까? 나도 의대에 진학했지만 적응하지 못했고, 신학 대학에 다시 진학해 성직자가 되려고 했지. 전부 아버지의 뜻이었어. 하지만 나는 그것들을 모두 좋아하지 않았지. 동식물을 채집하고 분류하는 일에 더 관심이 많았어. 그러던 차에 평소 친분이 있던 헨슬로[10] 교수님께서 비글호라는 배에 타 선장과 말벗을 하고 동식물도 채집하는 박물학자로 나를

123

4

나무 지붕에
추차한
어느 별인

추천해 주셨어. 나는 너무 가고 싶었지만, 아버지는 반대하셨지. 하지만 삼촌의 설득으로 겨우 비글호에 오를 수 있었어. 모험을 떠나고 싶은 내게 안전하지 않다는 이유로 반대하셨지만, 나는 비글호 항해를 통해 새로운 이론을 세울 수 있었지. 비글호를 타고 모험을 떠나지 않았다면 깨달을 수 없는 일이었단다."

"그럼 저도 원숭이지만 인간처럼 춤을 추는 모험을 하고 싶어요! 4층에도 가서 드넓은 밀림을 보고 엄마처럼 모험을 떠나는 꿈을 꾸는 원숭이가 되고 싶어요."

신이 났다. 다윈 할아버지도 나처럼 아버지가 해서는 안 된다는 일이지만 도전을 했고 뭔가 대단한 일을 해서 외계에서 지구까지 소환됐다니 말이다. 다윈 할아버지의 얘기를 듣고 골똘히 생각에 잠겨 있던 마리캉이 갑자기 질문했다.

"새로운 이론이 혹시 진화론인가요?"

앗, 마리캉이 지도 얘기를 꺼내지 않는다. 똑똑한 마리캉은 평소에 다윈 할아버지에 대해서 알고 있었는데 더 자세히 알고 싶은 거다. 할아버지의 눈이 동그랗게 커졌다. '어떻게 원숭이가 내 이론을 알지?' 싶은 표정이었다.

"마리캉이라고 했던가? 너는 혹시 진화론에 대해 들어 봤니?"

"우리가 인간의 조상이라는 이론이지요?"

역시 마리캉은 모르는 게 없었다.

"하하하. 내가《종의 기원》이란 책을 냈을 때 가장 오해받은 부분은 인간의 조상이 원숭이라는 설이야.《종의 기원》이 출판됐을 때 이 한 권의 책이 당시 영국 학계를 발칵 뒤집어 놓았지. 그래서 1860년엔 진화론을 주제로 옥스퍼드 영국 왕립협회에서 나의 학설을 지지하는 진화론자와 창조론을 주장하는 기독교 지식인 간에 논쟁이 있었어. 기독교를 대표해서 윌버포스라는 당시 신학자가 진화론을 옹호하는 논객 헉슬리[11]에게 "인간의 조상이 원숭이라고 주장한다면, 당신은 원숭이 인자를 할머니로부터 물려받았는가 아니면 할아버지로부터 물려받았는가"라고 질문했지. 이 질문을 들은 사람들은 이것이 진화론에 대한 조롱이라는 것을 알아챘어. 그러자 나의 이론을 열렬히 지지했던 헉슬리가 "진화론을 이해 못 하는 인간이 되느니 차라리 원숭이를 조상으로 두는 게 낫다"고 했지. 이 때문에 원숭이가 인간의 조상이라는 말이 진화론의 핵심처럼 돼 버렸는데, 인간의 조상이 원숭이가 아니라 인간과 원숭이가 같은 조상에서 나와 어느 시점에 다른 종으로 나뉘게 됐다고 보는 게 현대의 진화론자들이 얘기하는 관점이란다.

참, 아까 하려다 만 얘기인데, 오르굴류는 동생 갈로핑이 원숭이인데 인간처럼 춤을 추는 게 합리적이지 않다고 생각하니? 생존과 번식에 유리하지 않아서? 즉, 자연선택과 성선택을 받지 못할 것 같아서?"

다윈 할아버지는 오르굴류 형을 바라봤다. 오르굴류 형은 다윈 할아버지의 눈빛을 그대로 응수하는 듯하더니 이내 눈을 내리깔았다.

 " 글쎄…… 내가 주장한 진화론을 설명하기에 앞서 춤추는 원숭이를 어떻게 바라봐야 할지 내 생각을 제시하고 싶구나. 춤을 추고 싶다는 갈로핑에게 해 주고 싶은 말이 이것이란다. 내가 살았던 1800년대엔 창조론으로 세상을 바라봤었지. 모든 생물은 고유한 종으로 분류될 수 있고, 고유한 종은 각각 신이 각 생물의 특성을 고안해 특별하게 만들었다는 생각이었지. 생물은 모두 신의 창조물이라는 생각이 절대적으로 지배하던 시대였으니까."

 "창조론이 뭔가요? 너무 어려워요. 제가 춤추고 싶은 마음을 가진 것과 창조론이 어떻게 연관되지요?"

 "하하, 갈로핑, 내 설명을 더 들어 주렴. 진화론과 너의 춤추고 싶은 마음이 관련이 있단다. 조금 복잡한 얘기니까 설명이 길어질 수 있어. 나의 설명을 천천히 따라서 오렴. 모르는 게 있으면 그때그때 질문하고."

 나는 자연선택과 성선택에 관해 물어봤다가, 할아버지로부터 이젠 나의 춤과 진화론, 창조론이 연결된다는 설명을 듣고 있다. 알쏭달쏭, 알 듯 모를 듯, 손에 잡힐 듯 안 잡힐 듯 할아버지의 얘기가 조금씩 이해되었다. 다윈 할아버지가 계속 설명을 이어갔다.

 "성경에 보면 노아의 홍수 이야기가 나온단다. 신이 노아에게 홍수로 세상을 쓸어버릴 테니 방주에 세상의 생물을 종류대로 암수 한

쌍씩 넣으라고 명령하지. 그래서 노아라는 사람은 신의 명령대로 했단다. 내가 살던 시대의 사람들은 성경에 있는 내용을 그대로 믿었기 때문에 노아의 홍수 이후부터 지금까지 생물 종은 변함없이 처음 신이 고안한 대로 지금까지 쭉 존재한다고 믿었지. 그것이 창조론이란다. 이 세상에 존재하는 생물은 신이 창조한 때부터 지금까지 변함없이 존재한다는 생각 말이다. 물론 창조론자들뿐만 아니라 고대 그리스의 아리스토텔레스 같은 철학자도 이처럼 생각했지. 생물은 처음 만들어진 그대로 지금까지 존재한다고 마치 이 그림과 같이 생물 종들이 지속해 왔다는 거야."

다윈 할아버지는 태블릿PC에서 하얀 화면을 띄운 후 손가락으로 그림을 그리기 시작했다. 종이 아래에서 시작한 선이 쭉 종이 위쪽으로 거의 일직선으로 올라왔다. 그렇게 여러 개의 작대기를 화면에 가득 그렸다.

"이 그림이 창조론자들이 생각한 종의 개념이야."

다윈 할아버지는 설명을 계속했다.

"하지만 나는 비글호 여행을 하면서 채집한 표본을 통해 특이한 점을 발견했지. 갈라파고스 제도에서 수집한 서로 다른 새들이 실은 모두 핀치새였다는 사실이었어. 내가 박제해서 가져온 새들은 같은 종이라고 믿기 어려울 만큼 다른 외형을 지니고 있었어. 특히 부리 모양은 공통점이 거의 없었단다. 생각해 보니 당시 선원들에게 들었던 말도 생각나더군. 아, 그런데 너희들 갈라파고스 제도가 어디인지 모르겠구나?"

다윈 할아버지는 태블릿PC를 누른 다음 지도를 열어 세계 지도를 보여 주었다. 마리캉의 눈빛이 반짝였다. 다윈 할아버지는 마리캉의 마음을 아는지 모르는지 설명을 계속했다.

"여기가 너희들이 사는 아마존 밀림이야. 브라질과 가까운 우루과이라는 나라에서 배를 타고 멀리 나가면 태평양에 19개의 섬이 제법 가깝게 모여 있는 지역이 있는데 이곳을 갈라파고스 제도라고 하지."

어둠 속에 둥실, 태블릿PC에서 광선이 나와 숲속에 세계 지도가 비쳤다. 나는 '4층에서 바라 본 넓디 넓은 세계보다 더 넓은 세계가 있구나'라는 생각에 가슴이 두근거렸다. 세계 지도 속에 아마존 밀림은 거대했지만, 세상의 일부였다. 다윈 할아버지는 이 아마존강의 밀림이 지구 생태계에 정말 중요한데 요즘 너무 파괴되고 있어 마음이 아프다고 했다. 로지가 들어서면서 타오르던 숲이 떠올랐다. 내 마음 또한 아팠다. 다윈 할아버지가 이어 말했다.

"이곳 갈라파고스 제도에서 채집한 새들의 표본은 부리 모양이 제각각이고 생김새도 달라서 같은 종[12]이라고는 도무지 믿기지 않았지. 종이 같으면 대부분 겉모습도 비슷하거든."

화면이 바뀌어 다양한 새들이 슬라이드로 지나갔다. 모두 다른 새였다. 나는 너무 다른 생김새에 의문이 들어 질문했다.

"그런데 저 새들이 어떻게 같은 종이란 말인가요?"

"하하하. 갈로핑, 네 생각이 맞아. 나도 처음에 믿지 않았지. 겉모습만 보면 다 다른데 저 새들은 모두 핀치새야. 갈라파고스 제도에 19개의 크고 작은 섬들이 떨어져 있는데, 각 섬의 새들은 바다를 건너기엔 무리가 있어서 서로 교류하지 않다 보니까 겉모습이, 특히 부리 모양이 달라진 것으로 볼 수 있지. 각 섬의 새들이 주로 먹는 먹이에 따라 부리 모양이 변한 거야. 그러다 보니 완전히 다른 새처럼 보였던 거지. 핀치새뿐만 아니라 갈라파고스 각각의 섬에 사는 엄청 큰 거북이의 등 무늬도 다 달라. 같은 종인데 말이지. 처음에 선원들이 거북이의 등 무늬가 갈라파고스 제도 각각의 섬마다 다 다르다고 알려 줬었는데 항해 때는 대수롭지 않게 여겼거든. 나중에 생각해 보니 선원들의 말에서도 진화론의 흔적을 찾을 수 있었지."

다윈 할아버지는 새의 사진을 보여 주며, 꽃봉오리를 주로 먹는 핀치새와 곤충을 먹이로 먹는 핀치새, 씨앗을 주로 먹는 핀치새, 선인장을 주로 먹는 핀치새의 부리 모양이 다른 것을 설명해 주었다. 갈라파고스 제도에 사는 서로 떨어진 섬의 그레이트 자이언트 거북이의 등껍질 무늬도 확대해서 보여 주었다.

"그런데 할아버지, 이 얘기를 왜 해 주세요? 아까 한 얘기와 연관되는 얘기예요? 제가 춤을 추고 모험을 좋아하는 것과 핀치새, 그레이트 자이언트 거북이는 무슨 관계가 있을까요? 도통 모르겠어요. 엉엉."

정말 너무 어려워서 울고 싶었다. 다윈 할아버지는 내 등을 토닥거리며 말했다.

"갈로핑 조금만 기다려 봐. 거의 다 왔어. 아까 잠깐 말했던 창조론으로 돌아가 보자. 내가 살던 당시의 서양 사회는 창조론이 지배적이었다고 했지? 이 세상은 신이 창조했기 때문에 각각의 좋은 신이 처음부터 만든 고유한 형질[13]을 가지고 있다고 설명했지. 창세기에도 신이 각 동물과 식물을 각기 그 종류대로 만들었다는 말씀 구절이 있어. 이 말씀을 서구 세계는 중세를 거치면서 문자 그대로 받아들였지. 물론 고대 그리스 아리스토텔레스 때부터 지속한 믿음이기도 했다고 언급했었지, 기억하지?

하지만 나는 갈라파고스 제도에서 핀치새의 부리를 보면서 종이 변화할 수 있다는 생각을 굳히게 됐어. 이런 아이디어는 인간이 비둘기를 사육하면서 인공 교배를 통해 새로운 품종을 개량하는 경우와 비슷하다는 생각을 했지.《종의 기원》1장에 보면 잘 나와 있어. 같은 종인데, 왜 다른 모습을 할까. 변종은 과연 같은 종으로 분류할 수 있을까 궁금했지. 인간도 인위적으로 교배해서 변종을 만들 수 있는데 자연도 같은 원리로 변종들을 만들어 내는 게 아닐까 생각했어.

자연에서도 핀치새의 부리처럼 같은 종인데 변이가 나타나지. 이런 현상이 세월이 흘러 계속된다면, 변이에 변이를 거치면 나중에는 완전히 다른 종이 돼 있지 않을까? 실은 종은 신이 창조한 모습 그대로 고유하게 존재하는 게 아니라 변화하는 것이 아닐까? 생물의 변화 과정에 신이 개입한 것이 아니라 자연 스스로 변화하는 것은 아닐까 생각했지. 이것을 그림으로 한 번 그려볼까?"

다윈 할아버지는 다시 태블릿PC를 하얀 화면으로 바꾸고 손가락으로 그림을 그리기 시작했다. 아까와는 달리 한 점에서 선들이 뻗어 나갔다.

"어때? 아까 창조론을 설명하던 그림과는 다르지? 이 세상에 존재하는 생물 종들은 처음에는 같은 조상에서 나왔다가 시간이 지나면서 변종의 변종이 생겨나서 지금과 같은 다양한 생물 종이 생겼다는 이론이 진화론이야. 생물 종들이 진화해서 지금의 생물 종들이 존재한다는 이론이지. 참, 이 그림은 진화론의 아이디어를 나타내는 '진화의 계통수' 또는 '생명의 나무'라고 부른단다."

와! 꼭 1층에서 4층까지 이어지던 거대한 나무 빌딩이 떠올랐다. 태블릿PC를 가지러 1층에 내려갔다가 덩굴로 태블릿PC를 묶어서 3층으로 옮겼던 때가 떠올랐다. 다윈 할아버지가 얘기한 '생명의 나무'를 나와 마리캉은 두 발로 다 탐험한 셈이었다. 거대한 나무 기둥에서 가지들이 뻗어 나가 3층에 또 다른 녹색의 너른 대지를 만든 밀림의 나무들 같다는 생각을 지울 수 없었다.

"할아버지! 이 그림은 우리가 사는 밀림에서 볼 수 있는 나무들 같아요. 꼭 밀림의 나무들이 '생명의 나무' 그 자체 같아요."

"그러게. 자연은 오묘하게 통하는 게 아닐까? 껄껄. 처음에는 이런 '생명의 나무'처럼 지금의 생물 종이 한 종에서 진화해 나왔다는 내 생각이 사회에 불러올 반향을 생각해 감히 발표할 엄두를 내지 못했지. 내 아내는 독실한 기독교 신자였는데, 신이 생물을 고유하게 창조한 것이 아니라 자연스럽게 변종이 생겨났다는 말을 차마 할 수가 없었단다. 내 가족에게조차 그랬는데 이 세상에 내 생각을 말할 수 있었겠니? 그러던 어느 날 나에게 한 통의 편지가 왔어. 윌리스라는 학자에게서 온 편지였는데, 동남아시아의 말레이 군도에서 생물을 관찰하던 그도 자연에서 종은 변화한다는 생각을 정리해서 나의 의견을 묻는 내용이었어. 나는 깜짝 놀랐지. 내 생각이 발표되기 전에 그의 생각이 출판된다면 나의 연구는 그대로 묻힐 것이라는 두려움이 생겼지.

평소 나의 견해에 대해 편지를 써서 의견을 교환하던 주변 학자들이 내가 먼저 출판을 하는 게 좋겠다고 조언을 해 주었지. 그래서 《종의 기원》은 출판될 수 있었어. 내 책은 많은 사람 사이에서 엄청나게 회자했어. 학계는 발칵 뒤집혔지. 아까 윌버포스와 헉슬리 경의 신경전 기억나지? 그 당시 정말 장난 아니었다고. 《종의 기원》이 출판되자마자 하루 만에 완판됐었다니까. 자연을 신이 창조하지 않고 자연 스스로 변화할 수 있다고 주장했으니 사람들에게 준 충격이 이만저만이 아니었지.”

‘그니까요 다윈 할아버지, 제가 춤추고 싶은 거랑 모험하고 싶은 거랑 《종의 기원》이랑 무슨 상관이냐고요. 엉엉’.

울고 싶은 심정이었다. 나도 모르게 입이 삐죽 나왔다. 겨우 ‘생명의 나무’처럼 아는 얘기가 나왔는데, 점점 할아버지의 얘기가 어려워졌다. 그러나 마리캉은 달랐다. 눈에서는 더욱 강렬한 레이저가 발사됐다.

"어떤 원리요?"

똑똑한 마리캉이 물었다. 나는 알 듯 말 듯 아직은 잘 모르겠다. 조금 더 설명을 들어야 다윈 할아버지의 말이 이해가 될 것 같았다. 솔직히 이해될지는 모르겠지만, 마리캉이 있으니까 일단 듣자!

"오, 좋은 질문이야! 나는 '자연선택'이라는 개념을 생각했어. 사람들은 이 개념이 혁명적이라고 평가하지. 실은 '자연선택'이란 개념이 진화론의 핵심이야. 방금도 얘기했듯이 지금 존재하는 자연의 종들이 태초에 신이 만든 창조물이 아니라 다른 종에서 시간이 지남에 따라 변이가 쌓여서 만들어진 종이라면? 신의 창조, 신의 섭리 없이도 지금의 생물들이 존재할 수 있다는 말이거든."

드디어! 내가 아는 말이 나왔다. 자연선택!

"오오, 저 알아요. 처음에 질문했었잖아요. 자연선택! 어릴 때부터 세구란사에서 얼마나 자주 들었는데요."

나도 모르게 손뼉을 쳤다. 나의 어깨가 으쓱 올라갔다. 드디어 내가 아는 단어가 나오다니 감격이다. 그러나 오르굴류 형은 인상이 펴지질 않는다. 도대체 이해하는 건지, 재미가 없다는 건지 모르겠는 표정이다.

"하하. 그래 아까 갈로핑이 질문했던 '자연선택'이란 단어가 이제 나왔구나. 자, 더 들어보렴. 내가 살던 시기의 서양, 유럽은 르네상스 시대 이후에 인본주의 사상에 토대를 둔 계몽주의 사상이 유행하고 있었어. 중세의 신 중심의 세계관이 해체돼서 신의 섭리로 세상이 운영되는 것이 아니라 인간의 자유 의지로, 인간의 힘으로 얼마든지 자연과 사회를 변화시킬 수 있다는 인간 이성에 대한 믿음이 확장되고 있었지. 대표적으로 미국의 독립 선언, 프랑스 혁명의 물결이 그것을 드러냈지. 인간의 힘으로 역사도 움직일 수 있다는 믿음, 신으로부터 권력을 받은 왕도 바꿀 수 있다는 믿음이 사람들의 신념으로 자리 잡아 갔던 거야. 인간의 자신감이 상승하고 있을 때 나는 사회뿐만 아니라 자연도 신의 섭리가 아닌 '자연선택'이란 원리로 운영된다고 주장한 거야. 신의 개입 없이도 인간이, 우주가 운영되고 있다는 믿음, 넓게는 계몽주의 사상과 맥을 같이하는 자연 철학을 제시한 것이지.

내가 '자연선택'이란 개념을 고안할 수 있었던 것은 맬서스의 《인구론》이란 책을 읽어서야. 맬서스는 자신의 저서에서 식량은 산술급수적(첫 항에 일정한 수가 계속해서 더해지는 것)으로 증가하는데 인구는 기하급수적(각 항이 일정한 수를 곱한 것으로 이루어진 것)으로 늘어나기 때문에 일부 인간은 자연스럽게 굶어 죽을 수 있다고 봤어. 인구는 그렇게 환경에 맞춰 조절된다는 것이지. 인간 세계도 그렇다면 자연도 그럴 수 있는 것 아니겠어? 보통 곤충이나 물고기 등 생물은 자손을 많이 낳지. 하지만 모두 다 살아남는 것은 아니야. 일부만 살아남아 자손을 남기는 것이지. 이 과정에서 자연환경에 적응하기 적합한 개체만 살아남아 자신의 형질을 다음 세대에 전할 수 있어. 적자생존, 이것이 자연선택의 또 다른 이름으로 불리기도 해.

마치 인간이 자신이 원하는 형질을 선택해서 인위적으로 교배해 자신이 원하는 형질을 가진 동식물을 만들어 내는 것처럼 자연도 얼마든지 자신이 원하는 형질을 선택해서 다음 세대에 전달하길 원할 거야. 자연에 적응하기 적합한 종만이 살아남아 자연에서 살아가는 것이지. 그 과정에서 변이가 나타나고 변이가 축적되면 처음 종과는 다른 종이 출현할 수 있어."

"우와, 뭔가 대단하신 것 같아요."

나도 모르게 다윈 할아버지가 대단해 보였다. 다윈 할아버지는 이번에도 인자하게 웃었다.

"하하하. 과찬의 말씀. 자연에 적합한 종만 살아남는다는 생각은 내가 처음 한 생각은 아니었어. 라마르크라는 학자가 나보다 먼저 진화라는 개념을 사용해서 자연 현상을 설명하고자 했지. 그는 '용불용설'을 주장하며 진화의 개념을 제시했어. 라마르크가 자신의 이론에서 제시한 예는 기린이야. 기린은 낮은 곳의 나뭇잎들은 다른 동물들과 함께 먹어야 해서 경쟁이 치열했고, 그 과정에서 살아남기 위해 점점 목이 길어졌다는 것이지. 생존 경쟁에서 살아남기 위해서 종이 변화한다는 주장이었어. 종이 변할 수 있다는 아이디어는 내가 처음 한 생각이 아니었던 거지. 나의 할아버지 이래즈머스 다윈도 생물은 진화한다고 생각한 대표적인 학자였어.

라마르크의 '용불용설'은 지금은 틀린 이론이라고 판명이 났지. 라마르크는 기린의 목이 점점 길어지고 후천적으로 얻은 이 획득 형질이 다음 세대에 전해 진다고 설명했지만, 오늘날 발달한 유전학에서는 이는 사실이 아니라고 설명해. 라마르크와 나의 진화론이 다른 점은 나는 긴 목을 가진 기린들이 높은 곳의 나뭇잎을 먹을 수 있어서 생존 경쟁에서 유리하므로 살아남았다고 봤어. 점점 목이 긴 기린이란 변종들만 살아남아 새로운 종이 된다고 설명할 수 있지. 그래서 내가 체계적으로 진화론을 정리해서 이론으로 정립했다고 평가받는 거야. 하하. 내가 살짝 자랑스러운걸."

"그러니까 생물은 변한다는 것이지요? 전부 다 알아들을 수는 없지만, 항상 고정되어 절대 변할 수 없는 존재가 아니라는 말이 너무 와닿아요. 그럼 내가 팔이 긴 것도 이상한 게 아닐 수 있겠네요? 누가 알아요? 점점 춤추는 원숭이가 더 매력적인 원숭이로 여겨져서 자연에서 살아남을지도 모르잖아요? 내가 진화하는 거네. 내가 적자생존자다!"

갑자기 신났다. 다윈 할아버지가 내게 해주고 싶다는 말이 이게 아닐까 싶었다. 나는 지금 진화 중이라고! 케이팝을 추는 매력적인 원숭이로! 하지만 다윈 할아버지의 얼굴이 살짝 어두워졌다.

"내가 주장한 진화론에서 '진화'란 개념을 주의해서 사용해야 해. 진화란 점점 좋은 쪽으로 변한다고 볼 수도 있지만, 인간의 관점에서 좋은 것으로 변화한다는 것만은 아니야. 자연에서 좋은 점은 인간의 관점을 초월하기도 하지.

내가 정립한 진화론에 영향을 받아 사회도 진화한다고 믿는 사회 진화론이 생겨나기도 했지. 계몽사상에 의하면 인간 사회도 살아남기 적합한 사회가 있고, 도태되는 사회가 있다고 본 것이야. 내가 얘기한 적자생존을 사회에 적용한 결과 식민지를 착취하는 제국주의가 옳다고 주장하는 사람들이 생겼어. 문명을 미개한 것과 진보한 곳으로 나눠서 차별하는 관점이 생기고, 적자생존에서 살아남지 못한 민족은 도태되어도 된다는 생각이 생겨서 우생학이란 학문이 나타나기도 했지. 그래서 장애인에게 불임 시술을 받게 하기도 했어. 또 히틀러와 그를 따랐던 대다수의 독일 사람들은 게르만족이 최고라고 생각해서 2차 세계 대전 당시 유대인들을 대량으로 학살하기도 하는 등 끔찍한 만행을 저질렀지. 우리는 진화라는 단어와 그 의미에 대해서 조심스럽게 접근해야 한단다. 진화는 좋고 나쁨의 가치로 판단할 수 있는 영역이 아니라 자연이 선택해서 변화하는 것으로 보는 게 옳아. 갈로핑처럼 춤추는 원숭이가 자연이 원하는 모습이라면 갈로핑의 형질이 자연의 선택을 받지 않을까?"

자연이 원하는 모습이라……. 자연이 원하는 모습?

"다윈 할아버지, 자연은 생물에게 무엇을 원해서, 어떤 기준으로

선택하는 것일까요? 자연선택의 기준이 궁금해요."

마리캉이 물었다.

"자연의 최고 관심사는 번식과 안전 아닐까? 어떻게든 자신의 형질을 후손에게 남기기 위해 더 잘 살아남아야 하고, 그러려면 안전을 추구할 수밖에 없지. 생존을 위한 안전. 살아남아서 후손에게 자신의 형질을 전달하는 게 생물의 존재 의의야. 그러다 보니 자연은 더 안전하고 더 잘 번식하기 위해 종의 형질 중 유리한 것을 선택할 거야. 그 형질이 살아남아서 변이가 일어나고 시간이 흐르면 새로운 종이 탄생하는 거지.

무엇이 자연이 좋아하는, 또는 살아남기 유리한 형질일까? 단순해. 포식자들에게 잡히지 않고 살아남으면 되는 거지. 산업 혁명 시기에 영국에서 포식자들에게 눈에 띄지 않고 색깔이 변해서 살아남은 후추나방의 사례가 발견되어 진화론을 뒷받침한 적이 있지. 후추나방은 원래 흰색이었는데, 서식지의 대기가 나빠져서 주변 환경이 검게 변해 가자 후추나방도 날개의 색깔이 주변 색에 맞춰 점점 검게 변했다는 거지. 그래서 포식자들에게 잘 노출되지 않도록 변했다는 거야. 자연에서 살아남으려고 변하는 것, 그것이 진화야. 그것이 자연선택이지."

나는 문득 아빠가 떠올랐다. 4층에 오르지 말라고, 안전이 최고라고 가르치는 아빠가 답답했었는데, 어쩌면 아빠는 자연에 충실한 원숭이였구나 싶었다. 우리 세구란사 무리도 함께 있기에 다른 포식자들이 함부로 하지 못한다는 생각이 들었다. 내가 태어날 때부터 자연스럽게 속했던 환경이 실은 나의 생존, 안전을 위해 존재했다는 생각이 드니 새삼 고맙게 다가왔다. 세구란사에서, 그리고 내 가족 아빠와 형이 나에게 4층에 가지 말라고 하는 이유도 더 깊게 다가왔다. 모험을 좋아하는 내가 이상한 것이 아니라, 안전하게 지내라는 걱정을 내가 오해했었다는 생각도 들었다. 새삼, 모두에게 간섭을 받고 있다는 생각과 그들의 차가웠던 시선이 달리 느껴졌다. 뭔가 마음이 따뜻해졌다.

'그래, 난 이상하지 않아.'

내가 잠시 생각에 잠긴 사이 침묵을 깨고 마리캉이 다윈 할아버지에게 질문했다.

"그런데 슬로스(아마존 정글에 사는 나무늘보) 같은 동물은 왜 이렇게 느리게 살아요? 포식자들한테 잡혀가기 딱 좋은데요? 모든 동물이 안전만을 추구하며 사나요?"

"아니. 나도 그 점이 궁금했었단다. 그런데 나무늘보는 왜 느리게 다닐까. 그건 나도 잘 모르겠어. 더 연구해 봐야겠는걸. 하하. 내가 《종의 기원》을 내고 자연선택의 관점에서 보면 안전하지 않은데 이상하게 나타나는 특이한 생물의 형질이 있는 거야. 예를 들면, 공작새 수컷의 날개야. 포식자에게 노출이 잘 되고, 도망가기에도 거추장

스러운 날개를, 왜 공작새는 가지고 있을까?

　나는 자연선택으로 설명할 수 없는 변이들이 일어난다는 사실을 인정해. 나는 이 점에 대해서 나의 책 《인간 유래와 성선택》에서 설명하고자 노력했어. 성적으로 더 매력적으로 보여야 이성에게 선택될 수 있다는 사실을 다양한 사례를 통해서 설명하려고 했지. 생물의 세계는 때론 자연선택에 역행하는 것처럼 보이는데 이는 이성에게 더 잘 보여서 자신의 유전자를 후대에 전하려는 전략이지. 안전하게 살아남는다고 해도 이성과 짝짓기를 못 한다면 자신의 형질을 후대에 전하지 못하잖아. 포식자에 대한 위험 부담을 감수하고라도 암컷에게 자신의 매력을 어필할 수 있는 화려한 날개를 가진 수컷 공작새의 비밀은 성선택을 알면 이해할 수 있어. 어때, 이해되니?”

　우와 또 내가 아는 단어다! 성선택!

　다윈 할아버지가 나를 보고 환하게 미소 짓는다.

　“갈로핑, 아까 네게 해 주고 싶었던 말, 춤추는 원숭이를 바라보는 다른 시각에 대한 말이 이거란다. 네가 추는 춤이 실은 암컷들에게 엄청 매력적일 수 있다는 거야. 너의 춤은 성선택에서 유리할 수 있으니 계속 추면 어떨까? 너는 이상하지 않아. 너의 춤. 이해되니?”

　번뜩, 순간 번개가 내 눈앞을 지나간 것 같았다. 마치 폴짝 뛰다가 나뭇가지에 머리를 쿵! 하고 얻어맞은 느낌이랄까.

　“아아! 알겠어요, 알겠어요. 할아버지 말씀이 무슨 말씀인지 알겠어요. 저에게도 희망이 있어요!"

나는 뛸 듯이 기뻤다. 아니 펄쩍펄쩍 뛰었다. 손뼉을 치며 폴짝폴짝 뛰는 나 때문에 공중에 떠 있는 태블릿PC의 화면이 출렁였다. 어두운 밀림에 환한 빛을 뿜어내는 영상이 숲에서 너울대며 춤을 췄다. 마리캉과 오르굴류 형은 깜짝 놀라 나를 바라보았다. 다윈 할아버지는 기분 좋게 껄껄 웃었다.

내 눈물과 고통은 마지막 춤 속에서 모두 다 녹아 버려
내 눈물과 한숨은 마지막 춤 속에서 모두 다 녹아 버려
모두 가져가
모두 가져가
내 뜨거운 열정을 식히는 차가운 숨을
모두 가져가

팔로 머리에 포인트 한 번, 얼굴에 포인트 한 번, 허리에 포인트 한 번. 다윈 할아버지와 마리캉, 오르굴류 형 앞에서 이 멋진 춤을 보여 주려고 나는 대뜸 사각의 마술 상자에서 동영상을 틀었다. 쿵쾅쿵쾅. 태블릿PC에서 나오는 음악에 맞춰 절도 있게 춤을 추었다. 불꽃소년단의 최근 앨범 타이틀곡 '가져가'다.

가져가 원하는 만큼

가져가 원하는 만큼

뭘 원하는지 알고 있잖아?

뭘 원하는지 알고 있잖아?

너는 무얼 원해!

너는 무얼 원해!

더 더 더 더 더 더 더 많은 것을 원해!

두 팔을 하늘로 쭉 뻗고 힘 있게 한 번 꺾는다. 척 두 팔을 내려 허리 근처에 두고 두 다리를 한 바퀴 돌린다. 최대한 섹시하게. 땀이 나고, 곡이 점점 클라이맥스를 향해 가는 동안 나는 더욱더 큰 희열을 맛보았다. 나는 춤 동작에서 자유를 느꼈다.

이곳이 4층이든 3층이든 2층이든 상관없다. 음악이 있고 리듬에 맞춰 내 몸을 맡기는 이 순간, 나는 살아 있다. 4층을 보며 꿈을 꾸던 엄마가 옳았다. 나는 춤을 추는, 댄스를 시도하는, 새로운 영역으로 모험을 떠나는 원숭이가 되고 싶었고 지금 그 꿈을 이뤄가고 있다. 신난다. 어떤 환경도, 내가 바보처럼 팔이 긴 것도, 엄마가 없는 것도, 형과 아버지가 나를 이해해 주지 않는 것도, 암컷들이 눈길 한 번 주지 않는 것도 문제가 되지 않는다. 그저 모든 것에 감사했다. 정신없이 춤을 추는 이 순간이 나는 너무 사랑스럽다. 노래 가사처럼 이제

나는 알았다. 내가 무엇을 원하는지를!

뭘 원하는지 알고 있잖아?

한 손으로 얼굴을 스치며 살짝 고개를 추켜올렸다. 여유만만 하
면서도 살짝 차가운 표정을 잊지 않았다. 마치 내가 불꽃소년단이 된
것처럼 아주 멋지게 노래를 마무리했다.

짝짝짝.

우레와 같은 박수가 터져 나왔다.

"브라보, 브라보."

다윈 할아버지가 휘파람을 불며 손바닥에 불이 나게 손뼉을 쳐
주었다. 할아버지의 진심 어린 칭찬이 느껴졌다. 마리캉도 혼자서 킥
킥거리면서 '정말 갈로핑 너 맞아?' 이런 눈빛으로 장난기 가득하게
나를 바라보았다. 한마디로 내가 멋지다는 소리였다. 오르굴류 형도
마지못해 손뼉을 쳤다. 못마땅하지만 나의 춤이 멋지다는 것을 인정
할 수밖에 없는 상황이라는 듯.

나는 마리캉에게 말했다

"마리캉, 나 춤 동영상 본 거 용서해 줄래?"

마리캉도 고개를 끄덕거리며 대답했다.

"응, 물론이고 말고."

우리 둘은 완전히 화해했다.

"자 그럼, 우리 일단 잠을 자고 아침에 길을 떠나 볼까?"

깊어 가는 밤, 다윈 할아버지는 주행성(낮에 활동하는 성향)인 우리를 재웠다. 할아버지는 외계인이라서 잠을 안 자도 된다고 했다. 우리를 지켜 줄 테니 어서 잠을 자라고. 아, 긴 하루였다. 아침이 되면 세구란사 무리로 돌아가야지. 안전을 지켜 주는 우리 무리에게로.

[9] 앨프레드 월리스(Alfred Russel Wallace, 1823~1913)는 다윈과 동시대에 살았던 생물학자로서, 아마존강과 말레이 군도 등에서 생물을 채집해 연구하던 학자였다. 그는 말레이 군도에 있을 때 종이 변화한다는 생각을 하고 자연선택 개념에 착안해 논문으로 발표하려 한다. 1858년 다윈에게 자신이 쓴 논문을 보내 조언을 구하고자 한다. 다윈은 이 논문이 자기 생각과 너무 똑같아서 그동안 자신이 했던 연구가 물거품이 되지 않을까 걱정한다. 하지만 지인들의 조언으로 월리스와 공동 저자로 〈자연선택 이론에 근거한 종의 변화〉에 관한 논문을 1858년 린네 학회에서 발표한다. 월리스가 논문에 대한 조언을 구하지 않았으면, 당시 기독교 세계에서 다윈은 자신의 진화론을 발표할 엄두도 내지 못했을 것이다.

[10] 케임브리지 대학의 식물학 교수인 J. 헨슬로(John Stevens Henslow, 1796~1861)의 권유로 1831년 22세의 다윈은 해군측량선 비글호에 승선해 라틴 아메리카, 남태평양의 여러 섬(특히 갈라파고스 제도), 오스트레일리아 등지를 탐험하고 돌아왔다. 헨슬로 교수의 추천으로 다녀온 비글호 항해를 통해 다윈은 진화론을 고안하는 데 도움이 되는 자료를 모을 수 있었다.

[11] '다윈의 불도그'란 별칭을 가진 헉슬리(Thomas Henry Huxley, 1825~1895)는 다윈이 진화론을 발표하자 즉시 그것을 인정하였다. 특히 1860년 6월 옥스퍼드에서 영국 왕립협회 총회에서 열린 진화론 반대자인 윌버포스와 논쟁을 벌인 끝에 반대론의 잘못을 실파함으로써 진화론의 보급에 커다란 영향을 끼쳤다. 또, 다윈이 분명히 밝히지 않았던 인간의 기원에 대해서도 진화론을 적용, 인간을 닮은 네안데르탈인의 화석 연구를 기초로 인간이 진화의 과정에서 생긴 것임을 주장하였다.

[12] 다윈은 그의 저서 《종의 기원》에서 종의 개념에 대해 정확히 설명하지는 않았다. 종은 교배해서 자손이 생기고, 그 자손들도 자손을 남길 수 있으면 같은 종으로 본다는 정도로만 종의 개념을 이해하면 다윈의 진화론을 이해하는 데 큰 무리는 없다.

[13] 형질은 어떤 생명체가 갖고 있는 모양이나 속성을 지칭하는 말이다. 대개는 그 모양이나 속성이 유전자 활동에 의해 생긴 경우에 형질이라는 말을 쓰며, 유전 형질(genetic character)이라고도 한다.

5

희망의
끝

"지도에서 아마존강 밀림에 사는 원주민 마을을 찾아 주세요."

아침이다. 잠에서 깨자마자 마리캉은 태블릿PC부터 찾아서 화면을 켰다. 마리캉이 다윈 할아버지에게 야무지게 요구했다. 다윈 할아버지는 마리캉에게 태블릿PC를 건네받아 우리가 있는 곳이 어디쯤인지 지도에서 찾는 중이었다. 인공위성으로 지도에 있는 위치의 실제 모습까지 보여 주는 구글 서비스를 이용해 우리가 있는 밀림까지 사진으로 확인할 수 있었다. 정말 신기했다. 폴짝폴짝, 나와 오르굴류 형은 웃으면서 태블릿PC 속 카메라에 비친 우리의 모습에 신이 나서 더욱 몸을 흔들었다. 거 참 신기한 세상이다.

우리 위에는 '어느 별'호라는 비행선이 반투명하게 보였다. 다윈 할아버지가 태블릿PC를 충전하려고 자신이 타고 온 '어느 별'호를 불러온 것이었다. 아마존강 밀림을 투명한 상태에서 관찰하던 다윈 할아버지와 그가 타고 온 '어느 별'호가 이젠 우리에게 아무렇지 않게 그 모습을 드러내고 있었다. 외계의 앞선 기술로 과학과는 거리가 먼 이곳 밀림에서 전기도 쓰고 인터넷도 쓰는 중이었다.

마리캉은 팔짱을 낀 채 양미간을 찌푸리고 있었다. 굉장히 심각한 표정이었다.

"전 이 지도를 통해 우리 엄마, 아빠를 꼭 찾아야겠어요. 예전에 이쯤에서 엄마 아빠가 잡혀갔다고요. 원주민의 화살에 맞아서. 이 근처 원주민 마을 사진을 보여 주세요."

오르굴류 형이 허리에 손을 짚고 큰 소리로 얘기했다.

"마리캉, 일단 우리 세구란사로 돌아가야지. 언제까지 무리에서 떨어져 있을 거야. 다른 포식자들한테 잡아먹히기라도 하면 어떻게 해! 세구란사에 돌아가서 그다음에 생각하자. 그게 훨씬 합리적이야."

"안 돼, 형! 그동안 내가 이 태블릿PC에서 지도를 찾아 엄마 아빠를 찾으려고 했던 노력 몰라? 그러자고 여기까지 떠나왔는데, 이렇게 돌아갈 순 없어. 다윈 할아버지, 우리 엄마 아빠를 찾을 수 있는 단서를 찾아 주세요. 태블릿PC로 해 볼 수 있는 것이 많잖아요!"

다윈 할아버지는 머리를 긁적거리며 난감한 표정으로 대답했다.

"오래 걸려도 괜찮을까? 네가 말했던 지점에서 가능한 원주민 마을을 검색해서 인공위성으로 사진들을 다 확인해 봐야 할 것 같은데?"

"네, 괜찮아요. 전 꼭 우리 부모님을 찾고 말 테에요!"

할아버지가 지도에 원주민 마을을 찾은 다음 깃대 모양의 아이

희망이글

콘을 표시했다. 그런 후 인공위성으로 그곳의 모습을 카메라로 확대해서 살펴보는 식이었다. 원주민 마을에는 다양한 반려 원숭이들이 많았다. 그중에서 우리와 같은 모습을 가진 원숭이의 모습이 보이면 사진을 더욱 확대해서 살펴보았다. 그들은 줄에 묶여서 주인의 관심을 받기도 했고, 사람들이 주는 음식을 편하게 먹었다. 나는 형에게 물어보았다.

"형이 원하는 삶이 저런 거야? 먹을 거 걱정 없는 생활? 인간들이 알아서 다 챙겨 주는 삶? 로지에서 저런 삶을 살고 싶었던 거야?"

"아니, 난 저 정도로 인간에게 매여 살자는 게 아니야. 우리가 인간을 이용하는 거지."

"우리가 인간을 이용할 수 있을까?"

"……."

평온해 보이지만, 답답해 보이는 반려 원숭이의 삶이 느껴졌다. 오르굴류 형은 할 말을 잃었는지 계속해서 땅만 바라보고 있었다.

"형, 저러다 배고프면 저 동물들을 잡아먹는 게 인간일 거야. 모르겠어? 모험하지 않고 한곳에 사는 것이 마냥 합리적이진 않은 거라고."

오르굴류 형이 그제야 내 말에 고개를 끄덕였다. 다윈 할아버지는 그사이 태블릿PC 지도에 깃발을 세운 지역을 샅샅이 뒤져 보았다. 얼마나 열심히 찾았는지 해는 중천을 지나 서쪽을 향해 가고 있었다. 할아버지는 열심히 화면을 클로즈업해서 인간들이 키우는 동물들을 가까이 들여다봤다. 마리캉도 옆에서 열심히 들여다봤지만 사진 속 우리와 같은 원숭이 중에서 엄마 아빠라고 느끼거나 외모라도 비슷한 원숭이는 찾지 못했다. 마지막 깃발을 꽂은 지역의 지도를 더욱 확대해서 본 결과도 마찬가지였다. 마리캉은 머리를 푹 숙이고 조용히 있더니 어깨를 들썩이며 흐느끼기 시작했다.

"마리캉, 사진에 안 나오는 것일 수 있잖아. 용기를 잃지 마."

내가 마리캉의 어깨를 토닥이며 위로해 보았지만, 기대가 컸던 것인지 마리캉은 들을 생각을 하지 않았다.

"네가 부모님을 찾는다면, 그들과 함께 저곳에 살래? 그럼 너는 세구란사를 떠나서 그들을 찾으러 가. 결정해. 부모님을 정말 찾고 싶다면 홀로 떠나야 할 거야. 어떤 위험도 감수하고 그들을 찾으러 가. 그들이 밀림으로 다시 돌아오고 싶지 않다면 너도 인간들과 함께 살아야겠지. 그러면 너는 밀림에서 사는 법을 잊어버릴 거야. 밀림에서 살아남으려고 선택을 받은 형질은 너의 다음 세대까지 전수되지 않겠지.[14] 너는 인간과 어울려 사는 법을 터득할 것이고, 그것에 유리한 형질이 선택을 받아 후대에 전달될 거야. 하지만 인간이 과연 우리와 어울려 오래 살까? 불타던 밀림을 생각해 봐. 원주민은 키우던 동물도 먹을 수 있는 존재야. 인간과 어울려 살면서 선택된 형질을 전달해 봤자, 살아남을 확률은 희박해. 위험해도 밀림에서 살자,

마리캉."

오르굴류 형이 마리캉을 설득했다.

마리캉이 운다.

그것도 아주 서럽게.

태블릿PC의 지도 앱을 켜고 다윈 할아버지의 도움으로 세구란 사 무리에 도착했다. 세구란사 무리에 다다를 때쯤 다윈 할아버지와 '어느 별'호는 서서히 투명해지기 시작했다. 우리에게 작별 인사를 한 할아버지는 다시 투명한 모습으로 밀림을 돌아다니며 우리를 지켜보겠다고 약속했다. 무엇보다 제일 좋은 건 보관하기 어려운 태블릿PC를 할아버지가 보관해 준다는 점이었다. 다시 므리캭을 찾아 나서는 험난한 모험을 하지 못해 아쉬웠지만(물론 나에게만!) 오르굴류 형은 얼마나 다행이라 생각하겠는가. 마리캉은 여전히 아무 의욕이 없었다. 원주민 마을 검색 후 눈에 띄게 수척해졌다.

다윈 할아버지는 우리와 작별 인사를 하면서 우리만의 약속을 하나 정했다. "호잇" 이렇게 외치면 밀림 어디에서건 우리 앞에 나타나 주기로 말이다. 어느새 정이 들었는데 아쉬운 마음을 뒤로 하고 밀림에 서서히 스며드는 할아버지를 바라보며 열심히 나의 긴 팔을 흔들었다. 오르굴류 형도, 마리캉도. 마리캉의 인사엔 힘이 없었지만. 우리는 그렇게 헤어졌다.

세구란사의 소리가 웅성웅성 들렸다. 무리에 가까워질수록 나는 또 다른 희망에 휩싸였다. 다윈 할아버지와 헤어진 후 나는 이미 또 다른 세계에 빠져들고 있었다. 춤, 생각만으로도 신나는 일이다. 앞으로 틈틈이 세구란사 무리에서 살짝살짝 빠져나와서 신나게 춤 연습을 해야지! '언젠간 나의 매력이 성선택에서 우위를 차지할지도 몰라'라는 희망이 샘솟았다.

세구란사 무리에 도착하니 동료 원숭이들은 주변에서 나뭇잎과 곤충 등을 먹은 후 쉬고 있었다. 우리가 등장하니 다들 깜짝 놀라서 우리 주변으로 몰려들었다. 그동안 우리가 사나운 짐승들에게 잡아먹힌 줄 알고 있었다고 했다. 다들 기다리다 포기했었는데 그때 우리가 나타난 것이다! 세구란사 식구들 모두 신이 나서 꺽꺽 소리를 지르며 우리 주변을 폴짝폴짝 뛰었다. 이 나무 저 나무를 뛰어다니면서 우리에게 진심 어린 환영의 마음을 전해 주었다. 매일 잔소리하고 억누르던 아줌마들도 못 본 척해 주었다. 답답하고 힘들었지만 그래도 나를 보호해 주는 고마운 곳이었다는 생각이 들자 고향에 온 것처럼 마음이 푸근해졌다.

암컷들도 우리 주변에 옹기종기 모여 우리 몸이 상하진 않았는지 확인해 주었다. 암컷들에게조차 이런 환영을 받다니. 이런 극진한 환영을 처음 받아 보는 것 같아 참으로 영광이었다. 늘 가지 말아야 할 곳에 다녀온 후에는 책망만 들었었는데, 진심 어린 환대에 내

153

5

희망의 끈

마음도 환해졌다. 마리캉도 표정이 점점 밝아졌다. 우리는 금세 웃으면서 장난기 충만한 원숭이로 변했다. 마리캉와 눈이 마주친 나는 물었다.

"괜찮아 마리캉?"

"몰라, 그냥 신나. 흐흐흐."

마리캉과 나, 참 단순한 녀석들이다.

"호잇!"

세구란사 무리가 쉬어 가는 시간에 이동 중 봐 둔, 무리와 조금 떨어진 너른 나뭇가지로 나왔다. 조심해서 다윈 할아버지를 불러 보았다. 어, 할아버지가 보이지 않는다. 다시 한번 우리끼리의 약속을 외쳐 보았다. 아까보다 훨씬 크게.

"호잇, 호잇!"

내 앞에 다윈 할아버지의 모습이 서서히 보이기 시작했다.

"갈로핑이구나. 어쩐 일이니?"

"할아버지, 저 태블릿PC 보여 주세요. 춤 연습할래요."

껄껄껄, 처음 만났을 때처럼 사람 좋게 웃는 할아버지는 척, 태블릿PC를 내주셨다. 화면에 깔린 동영상을 틀고 나는 신나게 춤을 추었다. 불꽃소년단의 거의 모든 곡이 담긴 동영상을 보며 절도 있게 팔을 멈추기도 하고, 신나게 흔들기도 하면서. 리듬에 몸을 맡긴 채

때론 강렬하게, 때론 애절하게 다양한 감정을 표현하며 흠씬 땀을 흘리고 나면 기분이 좋았다.

　나는 틈만 나면 동영상을 보고 무리에서 조금 떨어진 곳에서 매일 춤 연습을 했다. 괴상한 나의 긴 팔이 매력이 되는 이 순간이 나는 참 좋다. 나는 그렇게 열심히, 날마다 모든 곡의 춤 동작들을 익혀 갔다. 어떤 곡이 나와도, 아니 머릿속에 음악만 떠올려도 저절로 춤이 나오도록 연습에 연습을 거듭했다. 이젠 춤의 세계에서 하산해야 될지도 모르겠다.

　그러나 가끔은 혼자 추는 춤이 외로웠다. 불꽃소년단의 동영상을 보면 여섯 명의 소년이 함께 어울려 각자의 분야를 맡아 춤이 완성된다. 나도 누군가와 함께 이 춤을 추고 싶었다.

　'세구란사의 수컷들에게 함께 추자고 한 번 제안해 볼까? 또 대빵 아줌마한테 혼나기밖에 더하겠어? 그래도 한번 해 보면 누가 알아? 훨씬 멋진 춤이 될지도 모르지'.

　오늘도 나 홀로 연습을 마치고 세구란사로 가는 길에 이런저런 생각이 머릿속을 복잡하게 했다. 어떻게 할까. 고민이다.

　"너 요즘 어디 갔다 오니? 자꾸 무리에서 떨어져서 또 혼자만의 시간을 갖는 것 같은데, 4층에 올라가지 말라고 지난번에 얘기했지? 점점 제멋대로구나. 이럴 거면 우리 무리에서 나가! 혼자 살면 되지 왜 자꾸 남에게 피해를 주는 거야? 그리고 헤세이우와 오르굴류도

저 아이를 잘 지켜보라고 했더니, 오히려 오르굴류는 갈로핑에게 휘둘려서 무리를 나가 한참 만에 돌아오질 않나. 이거 누구 하나 믿을 원숭이가 있어야 말이지. 헤세이우도 그래요. 육아는 수컷도 암컷만큼 해야 한다고 여러 번 강조하지 않았어요? 아빠면 자신의 아이를 지켜봐야 할 의무가 있지, 매년 새로운 자녀가 생긴다고 이미 낳은 자식을 신경 쓰지 않는 게 옳다고 봐요?

도대체 무리에 기강이 없어, 기강이! 내가 4층에 간 것 때문에 헤세이우와 오르굴류도 연대 책임을 지도록 지난번에 판결을 내렸을 텐데, 전혀 지켜지고 있지 않잖아요! 갈로핑! 너 그동안 4층에 오른 것 맞지? 이번엔 절대 그냥 넘어가지 않겠다! 이번엔 아예 내 옆에 딱 붙어 있어. 내가 너를 데리고 다니면서 직접 교육해야겠어. 밀림이 얼마나 위험한 곳인지, 무리를 벗어나면 어떤 위험을 겪는지 누구보다 잘 아는 네가 행동을 바꿀 기미를 보이지 않는다면, 내가 너를 직접 강하게 훈련시켜야겠다."

망했다. 요즘 걸리지 않고 세구란사 무리를 잘 빠져나온다고 생각했던 것이 착각이었다. 므리칵을 찾아 나선 후로 며칠 동안 무리를 이탈했었던 게 화근이었다. 자꾸 4층을 올라간 적이 많았던 나를 대장 아주머니가 대충 봐 왔을 리 없는데, 아무 말 없었던 것을 의심해 봤어야 했는데 내가 너무 단순했다.

아빠와 형도 나를 매섭게 노려보았다. 마리캉은 어디 있는지 보이지도 않았다.

"도대체 어디를 갔다 온 거야?"

아빠가 버럭 화를 냈다.

"내가 언제까지 너를 돌봐야 하는 거니. 오르굴류, 너도 말해 봐. 너희들 지난번에 어디를 다녀온 거야? 돌아온 것만 해도 고맙게 생각해서 더 추궁하지 않았는데, 이렇게 내게 책임이 돌아온다면 나도 그냥 넘어갈 수 없다. 당장 얘기하지 못해?"

눈물이 핑 돈다. 오르굴류 형은 땅만 바라보고 있었다. 내 편이 돼 줄 생각은 없겠지. 마리캉을 무리 속에서 찾기 위해 두리번거렸다. 마리캉, 너는 내 편이지? 무리 속에서 마리캉을 발견했다. 기쁨으로 눈이 반짝한 것도 잠시, 마리캉마저도 땅끝만 보고 있었다. 순간 실망과 배신감에 욱하는 마음이 들었지만, 머릿속을 스치고 지나가는 생각이 있었다.

'아, 그러고 보니 부모님 찾기에 실패한 마리캉이 상심했던 순간에 나는 마리캉 옆에 없었구나.'

그래 다 이유가 있는 것이었구나. 다 이해하면서도 지금 세상에는 나 혼자인 것만 같았다. 그래, 혼자라고 생각하자. 혼자 부딪쳐 보자. 일단 사실대로 말해 보는 거야.

"춤을 췄어요!"

"뭐, 춤?"

무리가 웅성거리기 시작했다. 나와 대장 아주머니를 둥그렇게 둘러싸고 있던 세구란사 무리가 화들짝 놀라 떠들기 시작했다.

"4층에 간 게 아니라 춤을 췄다고?"

"그런데 춤이 뭐야?"

"거, 있잖아요. 인간들이 음악에 맞춰 움직이는 뭐, 그런 거."

"아니, 그걸 원숭이가 왜 해?"

"쟤 미친놈 아냐?"

"아니, 쟤는 어디까지 튀고 싶어서 저러는 거니?"

"정말 이상한 원숭이야."

"하지 말란 짓을 골라서 하지 않니?"

"긴 팔만 이상한 게 아니라 행동도 이상한 원숭이였어."

"정말 가지가지 한다."

밑도 끝도 없이 말들이 쏟아졌고 온갖 억측과 의심과 비방이 난무했다. 여러 이야기가 동시에 내 귀에 와서 꽂혔다. 나는 이를 악물고 마음속에 음악의 전주 부분을 떠올렸다. 이젠 보여 줄 때다. 그리고 힘차게 외쳤다.

"호잇, 다윈 할아버지 음악 좀 틀어 주세요!"

무리들은 하늘을 향해 소리치는 나를 보더니 드디어 정신이 나간 거라고 무리가 손가락질하기 시작했다.

그때였다. 음악이 나오기 시작했다.

난 자유롭고 싶어

어둠이 너무 싫어

이제는 밝은 너의 꿈속에서

난 이제 깨고 싶어

난 어둠에 갇혔어

이런 날 보고 있다면 날 구해 줘!

이런 날 사랑한다면 제발 날 구해 줘!

내 심장이 고동치는 소리

내 머리가 터질 듯한 소리

이런 날 보고 있다면 날 구해 줘!

이런 날 사랑한다면 제발 날 구해 줘!

나 홀로 다리를 움직이며 애절하게 가슴을 쥐어뜯듯 호소력 있게
춤을 췄다. 그동안 몰래 연습했던 실력을 마음껏 보여 주고 말리라.

고마워 내 어둠을 밝혀 줘서

고마워 이제 내가 나일 수 있게

고마워 내게 날개를 달아 줘서

고마워 답답했던 내 삶에 자유를

이런 날 보고 있다면 날 구해 줘!

이런 날 사랑한다면 제발 날 구해 줘!

현란한 춤 동작을 마치고 헉헉 거친 숨을 몰아쉬었다. 고요했다. 모두 할 말을 잃은 듯. 너무나 고요했다. 어떻게 된 것일까. 괜찮다. 반응 따위. 내가 할 수 있는 최선을 다했으니.

그 순간 갑자기 암컷들이 손뼉을 치기 시작했다.

"와, 갈로핑, 멋있어!"

"완전 매력적이야."

"갈로핑, 긴 팔이 너무 멋지다."

"어쩜 춤을 그렇게 잘 추니?"

"꺅!"

"우와!"

암컷들의 감탄사와 박수 소리로 난리가 났다. 칭찬과 탄성과 선망의 눈빛들이 암컷들에게서 뿜어져 나왔다. 감탄사가 여기저기에

서 튀어나왔다. 또 한소리 들을 줄 알았는데 튀는 원숭이라거나 미친
놈이라거나 뭐 이런 얘기를 들을 줄 알았는데, 이건 너무 뜻밖의 반
응이었다. 어안이 벙벙할 따름이었다. 다른 수컷들은 못마땅한지 서
로 말없이 얼굴만 쳐다보고 있었다. 이 틈을 놓치지 않고 아빠 헤세
이우가 암컷들의 반응을 보더니 갑자기 내 옆으로 다가왔다.

"아, 이런 거였구나. 여러분 제 아들입니다. 하하하. 춤이란 걸 인
간들만 추는 줄 알았는데 제 아들이 더 잘 추네요. 하하하."

아빠는 귓속말로 내게 말했다.

"야, 아빠도 같이 추자. 요즘 암컷들한테 인기가 없어서 죽을 맛
인데, 너처럼 춤추면 장난 아니겠는데? 아빠도 끼워주기!"

와, 살았다. 대장 아주머니도 어느새 함박웃음을 지으며 나를 바
라보고 있었다. 성공이다. 이런 반응이 나올 줄이야. 오르굴류 형은
여전히 험상궂게 나를 노려보고 있었다. 형의 눈길을 모른 척하며 나
는 허리를 숙여 모두에게 인사를 했다. 세구란사 무리의 박수 소리와
함성 소리는 더욱 커져만 갔다. 밀림 속에 세구란사의 환호 소리가
너무 크게 울려 퍼졌는지 다른 동물들도 구경을 왔다. 내 평생 내가
이렇게 자랑스러운 순간은 처음이었다. 와, 감격이다. 나는 다시 한
번 인사를 했다. 짝짝짝. 박수 소리가 끊이지 않았다.

오디션을 통해 다섯 마리의 원숭이를 새로 가입시켰다. 우리는
한 팀으로서 이름도 지었다. '불꽃수컷원숭이단(이하 불꽃수원단).' 정

말 멋진 일이지 않은가? 우리가 춤 연습을 할 때마다 암컷들이 우리 주변을 둘러쌌다. 멋있다는 눈빛으로 하트를 발사해 주었다. 어깨가 으쓱할 뿐이다. 참, 우리 팀의 최고령자는 바로 우리 아빠 헤세이우다. 실력은 미달이지만, 열의가 넘쳐서 차마 탈락시킬 수가 없었다. 우리는 날마다 신나게 연습을 했다. 혼자 연습할 때보다 함께 모여 춤을 추니까 더 멋있었다.

내가 춤추는 원숭이임을 밝힌 후에 정체불명의 음악 소리 또한 밝혀야 해서 다윈 할아버지도 무리에게 알릴 수밖에 없었다. '어느 별'호와 다윈 할아버지는 이제 우리 앞에선 투명하게 변신하지 않았다. 왜? 태블릿PC를 다윈 할아버지가 관리해 주시기 때문이다. 각자의 분야 연습을 위해서는 동영상도 볼 필요가 있고, '어느 별'호에 연결된 태블릿PC로 음악을 계속 들을 수 있어서 우리는 마음껏 연습할 수 있었다.

세구란사 무리는 여전히 밀림을 돌아다녔다. 먹을 것을 찾아서. 먹을 것을 다 먹고 쉴 때쯤이면 '불꽃수원단'은 연습에 돌입한다. 예전처럼 몰래 숨어서 할 필요가 없었다. 우리는 수많은 소녀 팬을 거느린 원숭이 무리의 진정한 아이돌 그룹이 된 것 같았다. 항상 긴 팔로 괴상하다고 무시당하기 일쑤였던 내가 이젠 가장 인기 많은 원숭이가 됐다. 나의 긴 팔은 더는 놀림거리가 아니다. 다른 원숭이들도 나처럼 긴 팔이면 춤 동작이 더 멋있다는 것을 알고 서로 팔을 잡아당겨 주는 모습을 심심치 않게 볼 수 있었다.

우리 불꽃수원단이 춤을 출 때면 보면서 따라 추는 소년 원숭이들도 많아졌다. 예전에 나에게 덩치 큰 몸을 보이며 으스대던 꼬마 원숭이들도 이제 나만 바라보며 내 춤 동작을 따라 했다. 놀라운 변화다. 나는 정말 행복했다. 괴상한 내가 사랑받는 순간이 올 거라고 그 누가 예상할 수 있었을까.

더 놀라운 변화는 아버지가 내 곁을 떠나지 않는다는 것이다. 소녀 팬들이 몰릴 때마다 아버지는 자신이 늙어서 더는 암컷들에게 인기가 없다고 한탄하던 과거 일은 잊은 듯이 그 순간을 즐긴다. 모든 인기가 마치 자신에게서 나온 것인 듯 당당하게 어깨를 펴고 으스대는 아버지의 모습은 귀엽기까지 해 보였다.

괴상한 내가 이젠 짝을 찾을 것이란 희망도 생겼다. 나도 암컷들로부터 관심을 받는다. 진정한 어른이 될 수 있다. 내게도 나의 형질을 후대에 전할 수 있는, 매력적인 성선택을 받을 수 있는 희망이 싹트고 있었다. 솔직히 이런 희망보다 나를 우쭐하게 만드는 것은 엄청난 인기였다. 항상 암컷들에게 둘러싸여 있는 기분을 누가 알까? 팔이 나보다 짧은 다른 수컷들이 다들 불쌍해 보일 정도였다. 나의 어깨엔 힘이 들어갔고, 어느새 내 콧대는 하늘 높은 줄 모르고 치솟고 있었다.

하지만 이런 나를 좋지 않게 보는 수컷 무리도 점점 생겨나고 있었다. 그 무리의 우두머리는 오르굴류 형 같았다. 그래도 상관없다. 내가 현재 세구란사 수컷들의 대장이나 다름없으니까. 형이 나를 뭐 어쩌겠는가. 하하. 즐기자, 이 순간을!

암컷 팬들에게 둘러싸여 오늘도 일일이 악수를 해 주고 있는 사이 오르굴류 형과 형을 둘러싼 수컷 무리의 분위기가 험악했다. 나는 모른 척 계속 암컷들이 내미는 손을 잡느라 여념이 없었다.

마침내 오르굴류 형이 세구란사 무리에 대고 소리쳤다.

"정신 차려, 다들! 도대체 이 춤이 우리에게 어떤 의미가 있는 건지 아는 원숭이 있어? 우리의 이동 속도를 늦출 뿐이잖아. 다른 포식자에게 노출될 위험이 더 크잖아. 춤이 대체 우리에게 어떤 의미가 있는 거지? 이러다가 우리 함께 포식자의 손쉬운 먹이로 전락할지 몰라. 우리가 춤에 넋을 잃고 빠져 있는 사이에 말이야."

한순간 세구란사의 수많은 눈이 내게 집중됐다. 암컷들의 시선이 오르굴류 형에게 향했다.

'아, 뭐라고 하지? '암컷들에게 인기가 많잖아?' 라고 하면 너무 천박해 보일까? 오르굴류 형의 말이 맞아. 우리가 춤에 열광하는 사이 포식자들이 덮치기라도 하면? 왜 위험한데 세구란사 원숭이들은 춤에 빠져들까?'

이렇게 고민하는 사이, 예전에 다윈 할아버지와 나누었던 대화가 생각났다. 얼른 대답했다.

"나의 형질을 후세에 전할 수 있잖아. 성선택에서 유리한 위치가 될 수 있다고."

캬, 유식한 거 봐라, 갈로핑. 다시 암컷들이 나를 바라봤다. 그거 봐, 내가 한 수 위야.

"쉬운 말로 좀 설명해 봐."

세구란사 무리에서 누군가 소리쳤다.

"이성에게 매력적인 존재만이 자신의 형질을, 그러니까 자신의 특성을 후대에 남길 수 있어. 나는 괴상하게 긴 팔을 가져서 어떤 암컷도 내게 눈길을 주지 않았지. 아빠도 늙어서 암컷들이 관심도 주지 않았잖아. 하지만 춤을 추면 암컷들이 우리에게 눈길을 많이 줘. 그만큼 자손을 남길 확률이 커지지. 자연에서 살아남는 것. 우리가 이렇게 무리를 지어 사는 것도 포식자들로부터 안전하기 위해서잖아. 우리는 왜 살아남으려고 할까? 그것은 우리 존재의 궁극적 목적이 생존이고 번식이기 때문이야.

자연으로부터 선택을 받은 원숭이의 형질은 살아남을 수 있어. 대대로 자손들에게 전해져서. 때론 안전하지 않아도 성선택에서 유리하다면 자신의 형질을 후대에 전달할 수 있어서 불필요하다고 여겨지는 부분이 필요하기도 해. 마치 공작새의 날개처럼 말이야. 포식자의 눈에 띄어서 위험하지만 수컷 공작새에게 날개가 필요한 것처럼 말이야. 수컷 공작새의 화려한 날개가 암컷 공작새에게 매력을 풍겨 교미에 성공한다면 그 수컷 공작새는 자신의 형질을 자식에게 전할 수 있잖아. 우리가 추는 춤은 때론 포식자의 눈에 잘 띌 위험이 있지만, 암컷들에게는 호감을 주지. 그렇다면 춤추는 원숭이는 번식과 생존에서 더 유리할 수 있어. 춤을 추기 때문에 가능한 일이지.

지금 우리 세구란사 무리에서 춤은 일부 원숭이만 추는 일일지도 몰라. 하지만 성선택에서 유리하다면 점점 춤을 추는 형질을 가진 원숭이들만 성선택을 받아서 자손을 남길 수 있을 거야. 그럼 자연스럽게 춤 잘 추는 원숭이들이 적자로서 생존할 수 있는 거야. 춤이 자연선택 때문에 원숭이의 중요한 특성으로 자리 잡아 '춤추는 원숭이'라는 새로운 종이 출현할지도 몰라. 우리는 지금 변이 중일 수도 있다고."

세구란사가 일시에 웅성웅성 소란스러워졌다. 오르굴류 형이 무리 속에서 다시 소리쳤다.

"아니, 너의 그런 희망은 결국 이렇게 끝날 거야."

다윈 할아버지로부터 태블릿PC를 받은 오르굴류 형이 영상 하나를 틀었다. 인간들이 관람하는 서커스단의 춤추는 원숭이 영상이었다. 목에 인간들이 매 놓은 줄이 있었고, 전혀 즐겁지 않은 표정으로 인간의 손짓에 따라 똑같은 동작을 반복할 뿐이었다. 그러나 인간들은 그런 원숭이들을 보고 환호성을 질렀다. 아, 끔찍한 영상을 잘도 찾아서 보여 주는구나.

"너희들이 추는 춤은 결국 인간의 눈에 띌 거야. 인간들 사이에 금방 소문이 날 거라고. 성선택에서 유리해져 결국 자연선택이 될 거라고? 아니 전혀! 너희는 그 전에 인간들의 노리개가 될 수 있어."

끔찍한 발언이었다. 그러나 오르굴류 형의 말이 완전히 틀린 것도 없었다. 세구란사 무리는 집단으로 정신이 나간 것 같았다. 나의 얼굴도 화끈 달아올랐다. 정말 춤을 추면 안 되는 것일까.

"아니야."

누군가 큰 소리로 외쳤다. 아, 구원의 손길이다. 소리친 쪽을 보니 무리 속에서 키가 작은 마리캉이 낑낑대며 앞으로 나왔다. 아, 마리캉. 춤을 춘다고 그동안 잊고 있었던 마리캉이다. 역시 마리캉은 나를 도와주는구나.

"아니, 인간에게 잡혀가지 않는다고 해도 희망은 없어요."

응? 뭐라고? 지금 마리캉이 나에게 하는 소리 맞아? 마리캉, 왜 그래 대체.

"춤을 추는 원숭이가 성선택에서 살아남고 그것이 자연선택을 받아 결국 춤추는 원숭이의 형질을 후대에 전하는 데 더 유리하다고? 그렇게 되려면 얼마나 긴 시간이 지나야 하는 줄 알아? 천 년이 두 번 지나도 될 수 없는 일이야. 다윈 할아버지 제 말이 맞지요?"

다윈 할아버지가 머리를 긁적이며 대답했다.

"그래, 마리캉의 말이 맞다."

맙소사. 세상에 내 편이 하나도 없다니. 다시 또 외톨이가 되는 기분이 들었다. 불꽃수원단 멤버들도 슬금슬금 나에게서 거리를 두기 시작했다. 세구란사 무리가 동그랗게 나를 둘러싸고 나만 바라보고 있었다. 아, 이 상황은 어찌 된 것이란 말인가. 나만 홀로 남았다. 어색한 침묵을 깬 것은 다윈 할아버지였다.

"《종의 기원》제10장을 보면 마리캉이 한 얘기들이 나와. 변이가 변종이 되는 데는 몇 천 년, 아니 몇 만 년이나 걸릴 수 있지. 마치 지층이 깎여서 새로운 지형이 되는 데 몇 천 년, 몇 만 년의 시간이 필요하듯 말이야. 변종의 출현 또한 짧은 시간으로는 불가능해.

내가 비글호를 타고 항해를 할 때 가져간 책이 찰스 라이엘 교수의《지질학 원리》란 책이었는데, 이런 긴 시간은 지질의 변화뿐만 아니라 생물의 변화에도 적용될 수 있다고 생각했지. 진화론이란 학설이 과학으로서 존재하려면 생물 종의 변화가 가능한 긴 시간이 필요했어. 내가 살던 당시에는 창조론이 우세했는데, 성경대로 시간을 계산하면 신이 지구를 만든 지 만 년도 안 된다는 계산이 나와서 진화론을 주장하기 힘든 상황이었지만, 얼마 안 가서 지구의 나이를 측정하는 방법이 나왔지. 그렇게 측정해 보니 적어도 지구의 나이가 50억 년은 넘는다는 설이 제기됐지. 그 정도의 시간이면 변이가 축적돼 변종이 출현하기 가능한 시간이라고 볼 수 있어서 나의 이론은 더욱 과학적으로 받아들여지게 됐어.

갈로핑의 설명도 맞아. 하지만 춤추는 원숭이의 형질을 가진 새로운 원숭이 종이 출현한다는 보장은 없어. 자연선택은 정말 자연만이 알거든. 신이 아니라. 에헴. 그렇기 때문에 얼마나 긴 시간이 걸릴지, 그리고 그 시간이 지난다고 해도 새로운 종이 출현할지 우리는 예측할 수 없지. 단지 시간이 흐른 후 알 수 있을 뿐이야. 아, 처음의 종은 이랬는데, 지금은 이렇게 변했구나 하고 말이야. 때론 진화 과정을 나타내는 종이 발견되지 않아서 과학적으로 변종의 과정을 다 추적할 수 없기도 해. 진화론의 한계라고 지적되는 부분이지. 이 중간 과정을 설명하는 '잃어버린 고리'에 대한 정보가 너무 긴 시간이 지났기 때문에 발견되기 힘들다는 점이 있기도 하지. 생물 종이 하나의 조상에서 나와 변종에 변종을 거듭해 오늘의 다양한 생물 종이 됐다는 '생명의 나무' 기억나지? '잃어버린 고리'라는 말은 그것과 연관된 개념이란다. 많은 진화론자는 한 조상에서 나와 변종으로 변한 생물들의 변화 과정을 증명하는 화석들을 찾아서 진화론을 뒷받침했지. 어류가 양서류가 되고 양서류가 파충류가 되고 파충류가 포유류가 되는 과정의 화석들이 발견된다면 진화론이 더욱 이론적으로 정교해질 수 있겠지. 시조새 화석의 발견으로 이런 진화의 고리에 대한 신빙성이 더 높아졌어. 육지 생물과 조류의 중간 단계로 시조새를 볼 수 있었거든. 그래서 많은 화석 학자가 화석을 발굴해서 진화의 고리를 완성하려고 했어. 하지만 창조론자들은 이 고리들이 인위

적이라고 공격하기도 하지. 그래서 진화론은 중간중간 끊긴 화석의 고리를 찾으려는 노력에 심혈을 기울이지. 그러나 '잃어버린 고리'를 잇는 작업은 여전히 쉽진 않아. 어쨌든 진화에는 정말 긴 시간이 필요하단다."

망했다. 나, 갈로핑은 이대로 춤을 멈춰야 한단 말인가. 그동안 춤을 추며 즐거웠던 기억이 떠올라 괴로웠다. 이대로 나의 희망은 끝나는 것인가. 눈물 한 방울이 또르르 떨어졌다.

[14] 다윈은 유전자의 개념을 알지 못했다. 특정 형질이 다음 세대에 전달되는 데 생물체 내에 형질이 있을 것으로만 추측했다. 비슷한 시기 멘델이 유전 법칙을 발견했지만, 그의 연구는 20세기 초에 가서야 사람들 사이에 전달됐다. 유전자 개념이 보편화하면서 다윈의 진화론도 훨씬 탄력을 받아 연구가 이루어졌다. 자연선택 개념이 유전자로 더욱 명확히 설명될 수 있었다. 자연에 적응하는 유전자만 다음 대에 전수되고, 그렇지 않은 유전자는 도태된다는 아이디어가 진화론을 더욱 풍성하게 만들었다.

6

밀림
페스티벌

"그날 이후 나, 갈로핑은 춤을 추지 않았다." 라고 한다면 갈로핑이 아니다. 하하하. 그날 이후 나는 고민했다. 내 편이 아무도 없는 상황에서 '문제가 무엇일까?' 골똘히 고민했다. 마리캉도 내 편이 아니고, 오르굴류 형도 내 편이 아니고, 아빠를 비롯한 불꽃수원단 멤버들도 나를 떠났다. 춤을 출라치면 암컷 대장 아주머니가 킁킁거리며 싫은 소리를 냈다. 어떤 암컷도 내 주위에 오지 않았다. 다시 나는 괴상한 긴 팔을 가진 아직 어른이 덜된 다섯 살 원숭이가 되었다.

다윈 할아버지를 찾아갔다.

"할아버지, 그날 이후로 아무도 나와 춤을 추려고 하지 않아요."

"문제가 뭘까, 마리캉?"

"제가 이상한 원숭이여서 그런 것 아닐까요. 전 원래부터 이상한 원숭이였는데, 춤 때문에 잠깐 저 자신을 잃었던 것 같아요. 마치 특별한 원숭이인 것 처럼이요."

"난 그렇게 생각하지 않는단다. 누구나 다 특별하지. 같은 종 안에서도 모든 생명체는 각자가 고유한 개성이 있어. 갈로핑은 이상한 원숭이가 아니라 갈로핑 그 자체란다. 넌 이상하지 않아. 문제는 다른 데 있지 않을까. 가령, 너무 소수의 원숭이만 춤을 춰서 다른 수컷들이 소외되지는 않았는지 생각해 보는 건 어때?"

그렇다. 나는 내게 즐거운 춤만 추느라, 그리고 나에게 쏟아지는 시선을 즐기느라 마리캉의 상심한 마음도 챙기지 못했다. 부모님을 찾지 못해서 마리캉이 얼마나 낙심했을지. 내가 희망의 끝을 느꼈던 것처럼 마리캉은 나보다 먼저 희망의 끝에서 좌절했을 텐데, 내가 너무 마리캉에게 무심했다. 또 오디션을 봐서 소수의 원숭이와만 어울려 춤을 췄던 것도 잘못했다. 오르굴류 형이 느꼈을 소외감을 생각하지 못했다. 늘 인정만 받던 형이 얼마나 괴로웠을까. 나의 모험과 나의 즐거움만 생각하다가 놓친 게 한두 가지가 아니었다.

다윈 할아버지와 대화를 나눈 이후 나는 멋진 프로젝트를 계획했다. 곧 2세를 만들기 위해 암컷과 수컷이 짝짓기하는 계절이 다가온다. 암컷들의 발정기가 다가오는 가운데 나는 수컷들을 틈틈이 만나서 설득했다. 먼저 불꽃수원단 멤버들을 만나 다른 수컷들도 춤을 추도록 함께 연습하자고 설득했다. 그리고 다 함께 암컷들 앞에서 멋진 춤을 선보이는 우리만의 페스티벌을 갖자고 말이다. 처음에는 다들 꺼렸다. 부담스럽다고도 했다. 하지만 진심을 담아 설득했다.

"생각해 봐. 우리 여섯 마리만 춤을 추면 인간들 눈에 띄어서 금방 잡혀갈지도 몰라. 하지만 이삼백 마리가 함께 춤추면? 그 순간에 우리에게 덤빌 인간이나 포식자들이 있겠어?"

단원들은 조금씩 마음이 열리는 것 같았다.

"우리는 밀림에서 더욱 유명해질 거고, 그러면 다른 포식자들도 우리를 건드리지 않을 거야. 인간들도 우리를 전부 다 잡아갈 수 없어. 우리 함께 춤추자. 그리고 우리의 매력을 암컷들에게 맘껏 발산하자고."

다윈 할아버지한테 들은 또 다른 얘기는 춤을 추면 암컷들이 모이는 이유가 아마 페로몬이 많이 나와서일 거라는 얘기였다. 페로몬은 이성에게 호감을 느끼게 하는 호르몬의 일종인데, 짝짓기하는 생물들은 대부분은 갖고 있다고 했다. 나는 세구란사의 수컷들에게 페로몬 장풍을 쏠 수 있는 춤을 추자고 진심으로 설득했다.

마리캉에게도 다가갔다.

"마리캉, 그동안 네가 힘들 때 옆에 없어서 미안해."

내 진심 어린 사과가 통했는지 마리캉이 나지막이 대답했다.

"아니야, 나도 미안해."

나는 기쁜 나머지 마리캉을 꼭 안아주었다. 그리고 말했다.

"우리 세구란사 밀림 페스티벌을 계획해 보자. 네가 기획을 해 보는 게 어때. 춤 페스티벌을 통해 네 부모님께 우리의 소문이 날 수 있도록 대규모로 기획해 보자. 마리캉, 나의 잘못을 용서해 줘. 그리고 너의 지식으로 페스티벌을 기획해 줘.”

마리캉도 나의 진심을 받아 줬다. 그리고 흔쾌히 기획을 맡아줬다. 암컷의 발정기가 가까워지고 있었다. 우리 수컷들은 이동 중간중간 쉴 때마다 불꽃수원단 멤버들을 중심으로 팀을 구성해서 대규모 댄스 축제를 준비했다.

오르굴류 형도 계속해서 설득했는데 쉽게 마음이 풀리지 않았다. 그렇게 하기를 한참 만에 내 진심이 통했는지 형도 기쁜 마음으로 참여하기로 했다. 우리 아빠 헤세이우는 뭐, 말할 것도 없고. 하하하.

마리캉은 틈틈이 다윈 할아버지와 상의를 하며 ‘어느 별’호에 조명을 쓸 수 있는지 확인했다. ‘어느 별’호의 시스템을 점검하고 더 멋진 무대를 꾸미기 위해 애쓰는 마리캉. 평소 마리캉의 과학 지식이 빛나는 순간이었다.

마침내 페스티벌 당일, 밀림 4층에 ‘어느 별’호가 거대한 위용을 뽐내며 반투명의 멋진 모습을 드러내고 있었다. 다윈 할아버지는 마리캉과 함께 태블릿PC를 점검하고 ‘어느 별’호에서 스피커도 날라서 밀림의 나무들에 매달았다. 물론 전기는 ‘어느 별’호에서 해결했다.

세구란사뿐만 아니라 다른 동물들도 엄청나게 모였다. 어느새 우리 축제가 밀림 전체에 퍼졌나 보다. 포식자들도 감히 다가오지는 못하고 먼발치에서 지켜볼 수밖에 없었다.

드디어 축제가 시작되었다. 무릎을 꿇고 전주에 맞춰 고개를 숙였다. 가사가 나오는 순간 우리는 다 같이 머리를 들고 춤을 추기 시작했다.

우리의 미래를 향해
우리는 멈추지 않지
우리를 둘러싼 어둠
이제는 저 멀리 던져

암컷 원숭이들의 함성이 터져 나왔다. 여기저기서 멋지다는 함성이 울려 퍼졌다.

그래 우리는 이제 알았어
영원한 시간 속에 우리를
우리의 조그만 몸짓으로
모두가 행복한 시간으로

그러니 좌절하지 말고

그러니 포기하지 말고

그러니 웃으면서 전진

그러니 오늘을 포기하지 마!

분위기가 한껏 고조되었다. 너나 할 것 없이 춤을 보고 어깨를 들썩이고 얼굴에는 웃음을 한가득 머금고 있었다.

그러니 오늘은 아니야

그러니 아직은 아니야

그러니 절대로 울지 마

그러니 이대로 일어나

이삼백 마리의 원숭이들이 선보이는 군무는 장관이었다. 노래 가사처럼 어떤 어려움도 이겨 내겠다는 힘 있는 동작에 밀림의 다른 동물들도 박자를 맞추며 따라 했다.

암컷들의 함성은 지칠 줄 몰랐다. 우리는 평소 마음에 둔 암컷들을 향해 페로몬 장풍을 쏘며 그녀들의 마음을 얻고자 노력했다. 소녀들의 눈빛도 그것을 아는지 반짝였다. 참으로 아름다운 댄스 페스티벌이었다.

곡은 점점 절정을 향해 치닫고 있었다. 지난 일을 떠올렸다. 엄마를 잃고 4층에서 자유를 갈구하던 모험쟁이, 어른이 되지 못한 팔이 길어 슬픈 원숭이였던 내가 춤을 통해 세구란사의 소중함을 알고, 더불어 페스티벌도 꾸미고, 정말 감개무량했다.

그래. 긴 팔이 이상하면 어떠니. 혹시 알아? 춤추는 원숭이란 변종이 몇 만 년이 흘러서 새로운 종으로 자리 잡을지. 긴 시간이 걸린다는 말이 변할 수 없단 말은 아니잖아. 달리 생각하면 긴 시간이 있기에 나는 꿈꾸고 희망을 품을 수 있는 건지 몰라. 그래서 오늘은 아니다. 내가 포기할 수 없는 날, 오늘은 절대 아니다. 난 앞으로 전진할 거다.

나 다시는 좌절하지 않아
나 다시는 포기하지 않아
나 이제는 희망으로 전진
나 그래서 오늘 밤은 바로
널 위해 준비했어!
바로 널 위한 밤이야!

암컷들을 향해 페로몬 장풍을 발사하며 마지막 엔딩을 멋지게 장식했다. 저 멀리서 벨라가 나를 보고 있다. 벨라의 눈빛이 반짝인다. 전에는 본 척도 하지 않았는데 내가 추는 춤을 통해 페로몬 장풍을 제대로 맞았나 보다. 나는 벨라 앞으로 갔다. 벨라의 뺨이 살짝 붉게 물든 것 같다. 나는 벨라 앞에서 더욱 열심히 춤을 췄다. 벨라는 처음에는 고개를 돌리고 쑥스러워하더니 내 춤의 리듬에 맞춰 팔을 까딱까딱 하다가 팔을 들고 멋진 웨이브를 선보였다. 우와. 모든 무리가 손뼉을 치고 난리가 났다. 드디어 나도 성선택을 받게 된 것인가? 너무 가슴이 벅차올랐다. 춤을 추는 벨라와 나 둘 위로 둥근 보름달이 환하게 빛나고 있었다.

우리는 세구란사뿐만 아니라 밀림의 다른 동물들로부터 우레와 같은 박수를 받았다. 이 박수 소리가 마리캉의 부모님 귀에도 들리기를. 나 같은 긴 팔의 괴상한 원숭이도 매력을 찾는 밀림이 되기를 꿈꾸며! 아마존강의 밀림 페스티벌은 이렇게 대단원의 막을 내렸다.

희망을 안고.

부록

진화론으로 인류의 사상사에 지대한 영향을 미친 찰스 다윈은 1809년 2월 12일 영국의 슈루즈베리 근처에서 의사 로버트 웨어링 다윈과 수재나 웨지우드의 4남 2녀 중 막내아들이자 넷째 자녀로 태어났다. 친할아버지 이래즈머스 다윈은 찰스 다윈 이전에 이미 진화론을 주장한 과학자였으며, 외할아버지는 부유한 도자기 제조업자 조사이어 웨지우드였다. 외가 쪽 사촌 엠마 웨지우드와 결혼한 다윈은 이후 연구에만 집중할 수 있었는데, 이는 외가이자 처가의 든든한 경제력 덕분이었다.

찰스 다윈은 어린 시절부터 식물, 광물 등을 수집하는 일에 관심을 보였다. 1817년 어머니를 여의면서 이듬해 형과 함께 기숙 학교인 슈루즈베리 스쿨에 다녔는데 이곳에서 더욱 자연사에 관심을 두고 표본을 채집했다. 또한, 형 덕분에 화학 실험실을 이용할 수 있어서 과학 지식의 지평을 넓힐 수 있었다. 1825년 다윈은 아버지의 뜻에 따라 에든버러로 가서 아버지처럼 의사가 되려고 의학을 공부했다. 하지만 적성에 맞지 않아 몰래 자연사 공부를 했다. 계속 아버지를 속일 수 없었던 다윈은 다시 학교를 옮겨야했다. 이번에도 아버지의 뜻대로 케임브리지 대학으로 옮겨서 시골 목사가될 준비를 했다. 이곳에서도 다윈은 신학 공부보다 딱정벌레를 수집하는

데 더 열심이었고 식물학과 지질학을 공부하는 데 여념이 없었다. 그래도 1831년 그는 178명 중 10등이란 우수한 성적으로 졸업했다. 이제 시골 교구의 목사가 될 운명만 남은 듯했다.

하지만 다윈의 운명은 전혀 생각지도 못한 방향으로 흘렀다. 같은 해 지인으로부터 영국 해군의 탐사선인 비글호에 로버트 피츠로이 선장의 말벗이자 박물학자로 승선하라는 제안을 받은 것이다. 아버지의 강력한 반대에도 우여곡절 끝에 다윈은 비글호에 탈 수 있었다. 남아메리카의 해안선을 더 정교하게 측량하고 남태평양의 여러 섬을 탐사하고 돌아오니 5년의 세월이 흘렀다. 그는 비글호 항해를 마치고 영국에 돌아와 사촌인 엠마 웨지우드와 결혼했다.

그는 비글호 항해 중 갈라파고스 제도를 방문했는데, 여기에서 수집한 핀치새 표본들을 통해《종의 기원》을 쓸 수 있는 결정적 단서를 얻었다. 1838년에 다윈은 토머스 맬서스의《인구론》을 읽고 진화론의 핵심인 '자연선택' 개념을 고안했다. 다윈은 진화론을 고심했으며 상당한 자료를 모았음에도 자신이 깨달은 사실을 발표하기를 주저했다. 당시 세계에 미칠 파장을 그는 예측했으며, 자기 생각을 더 다듬고 싶었다.

1856년 다윈은 진화론에 대한 책을 집필하기 시작했다. 원고 작업이 꽤 진행됐을 무렵인 1858년에 말레이 군도의 생물을 연구하던 알프레드 월리스라는 학자가 논문 한 편을 보내왔다. 조언을 얻기 위해서였다. 하지만 그 내용이 다윈이 쓰는 책의 내용과 거의 같았다. 자연선택이란 개념까지 같았다. 낙심한 다윈은 동료 학자들에게 두려움을 토로했다. 자신의 연구가 물거품이 될까 봐 두려워서였다. 학자들은 평소 다윈과 편지를 교류하며 그의 연구 과정을 알고 있었기에 월리스와 공동 저자로 진화론을 학계에 발표하라고 권했다. 다윈은 1844년 린네 학회에 월리스와 공동 저자로 자연선택 이론과 진화론에 대해 발표했다. 당시에는 별 주목을 받지 못했지만, 1859년《자연선택에 의한 종의 기원에 관하여》(줄여서《종의 기원》이라 불린다)란 제목으로 책을 출판하자 반응이 정말 뜨거웠다. 초판 1,250부가 당일로 완판된 것이다.

이후 1860년 옥스퍼드에서 열린 영국 왕립협회의 연례 회의에서 기독교의 대표 논객 새뮤얼 월버포스 주교와 다윈의 진화론을 지지하는 토머스 헉슬리 사이에 논쟁이 있었다. 월버포스가 "원숭이가 인간의 조상이라면 다윈은 할아버지 쪽이 원숭이냐, 할머니 쪽이 원숭이냐"고 질문한 것이다.

헉슬리는 이에 대해 "진지한 과학 토론을 웃음거리로 만드는 데 재능을 낭비하는 사람보다는, 차라리 원숭이를 조상으로 두겠다"고 선언했다. 이 사건을 계기로 헉슬리는 '다윈의 불도그'로 불리게 됐다. 진화론에 대해 세상의 관심이 이렇게 뜨거웠어도 정작 다윈 자신은 슈루즈베리 저택에 머물며 건강을 관리해야 했다. 하지만 계속해서 《인간의 유래와 성선택》, 《인간과 동물의 감정 표현》같은 진화론을 확장하는 역작들을 더 내놓았다.

다윈은 1882년에 사망했다. 그는 기독교 세계에 커다란 의문을 던진 학자였지만 웨스트민스터 대성당 묘지에, 그것도 근대 과학 혁명을 촉발한 뉴턴 경 근처에 묻혔다. 당시 사람들이 다윈이 인류에 던진 화두가 큰 업적이었다는 사실을 인정한 것이다.

● 1809

잉글랜드 슈루즈베리에서 출생

● 1817

어머니 사망

● 1817 - 1825

슈루즈베리 기숙 학교에서 공부

● 1825 - 1827

스코틀랜드 에든버러 대학에서 의학 공부

● 1828-1831

케임브리지 대학에서 신학 공부

● 1831-1836

비글호를 타고 라틴 아메리카와 남태평양 탐험(1935. 갈라파고스 제도 탐험)

● 1838

토머스 맬서스의 《인구론》 읽음

● 1838

엠마 웨지우드와 결혼. 건강 악화

● 1839-1849

비글호 항해 관련 동물학, 지질학 저서 집필 및 출판

● 1844

진화와 관련된 미출판 원고 저술

● 1848-1855

따개비 관련 저서 저술

● 1848

아버지 사망. 건강 더욱 악화

● 1856

진화론 관련 저술 시작

● 1858

다윈과 월리스가 공동 저자인 자연선택에 관한 논문을 린네 학회에서 발표

● 1859

《종의 기원》 출간

● 1860

옥스퍼드 영국 왕립협회 총회에서 윌버푸스와 허슬리 간의 진화 논쟁

● 1863-1870년대

병이 더욱 악화, 《기르는 동식물의 변이》 출판 등 저술 활동 지속

● 1871

《인간의 유래와 성선택》 출판

● 1872

《종의 기원》 제6판에서 처음으로 '진화'라는 용어 사용, 《인간과 동물의 감정 표현》 출판

● 1882

사망, 웨스트민스터 사원에 묻힘

　　《종의 기원》출간 이후 서구 사회는 인간과 우주는 신의 작품이라고 믿는 창조론 대신 인간과 자연은 자연환경으로부터 영향을 받아 스스로 진화한다는 진화론으로 세계관이 대체됐다. 오늘날 현대 사회의 세계관은 진화론에 토대를 두고 있기에 다윈의 《종의 기원》은 인간을 이해하고, 우주를 이해하는 데 꼭 읽어야 할 고전이다.

　　《종의 기원》의 목차는 진화론을 이해하는 데 중요하다. 특히, 제1장에서 제4장까지는 다윈의 진화론을 이해하는 데 중요한 개념들이 설명돼 있다. 제1장 '사육과 재배 과정에서 발생하는 변이'는 인간이 동물을 사육하거나 식물을 재배하는 과정에서 품종을 개량하는 경우를 제시하며, 인간들은 자신이 필요한 속성을 증대시키는 방향으로 생물을 변화시킬 수 있음을 설명했다. 다윈은 이렇게 변이가 나타날 수 있는 원리로 '인위선택'이란 용어를 사용했다. 다윈은 자연에서도 얼마든지 이와 같은 변이가 일어날 수 있다고 생각했다. 이는 제4장의 주제인 '자연선택'이란 개념을 설명하기 위한 기초 작업이었다.

　　제2장 '자연 상태에서 발생하는 변이'에는 자연 상태에서 나타나는 다양한 변이의 예들이 나와 있다. 다윈은 제2장의 아이디어를 비글호 항해 때

탐험한 갈라파고스 제도에서 가져온 핀치새에서 얻었다. 갈라파고스 제도는 남태평양에 있으며, 19개의 크고 작은 섬들로 이루어져 있다. 이곳에서 수집한 작은 새들을 표본으로 만든 다윈은 부리 모양이 완전히 달라 당연히 다른 새인 줄 알았던 십여 마리의 새가 모두 핀치새로서 같은 종이라는 사실을 알게 됐다. 핀치새들의 부리 모양은 먹이 종류에 따라 달랐다. 짧고 두꺼운 부리를 가진 핀치새는 씨를 먹기 적합했고, 날카롭고 뾰족한 부리가 있는 새는 곤충을 잡아먹기 편하기 때문에 부리 모양이 다른 것이었다. 다윈은 이 표본들이 갈라파고스 제도의 정확히 어느 섬에서 잡은 것인지를 기록해 두지 않았지만, 모두 다른 섬에서 잡아 왔다는 사실은 정확히 기억했다. 격리된 섬의 먹이 환경에 적응하는 과정에서 같은 종인 핀치새도 부리 모양이 변했다는 사실은 자연에서도 사육 상태처럼 변이가 일어날 수 있음을 보여 준다.

제1장처럼 제2장에서 변이가 일어나는 원리로 다윈은 진화론에서 가장 중요한 개념인 '자연선택(적자생존과 동의어)' 개념을 제4장에서 제시했다. 제4장의 제목은 '자연도태 또는 적자생존'이다. 제4장에 앞서 다윈은 제3장 '생존 경쟁'을 썼는데, 제3장과 제4장은 맬서스의《인구론》에서 영감을

얻은 것이었다.《인구론》의 내용은 식량이 증가하는 속도보다 인구의 증가 속도가 훨씬 빨라 인류는 생존 경쟁을 벌일 수밖에 없다는 내용이었다. 인간은 살아남기 위해 생존 경쟁을 벌일 수밖에 없으며 여기에서 살아남은 자, 즉 적자만이 생존할 수 있다는 논리다. 다윈은 어릴 때부터 곤충들을 관찰하면서 곤충의 새끼들은 태어난 개체 수보다 훨씬 적은 수만이 살아남는다는 사실을 알고 있었다. 다윈은《인구론》의 내용을 바탕으로 생물 종도 기후, 지형 등 환경에 살아남기 적합한 일부 개체들만 생존 경쟁에서 살아남아서, 즉 자연선택 돼서 존속될 수 있다고 생각했다.

다윈은 '변이가 축적되다 보면 새로운 종이 출현할 수 있지 않을까?' 하는 의구심이 들었다. 다윈은 따개비를 연구한 저명한 학자였다. 그는 어릴 때부터 동식물을 관찰해 온 사람이었다. 다윈은 살면서 얻은 다양한 동식물 자료를 토대로 자연 상태에서의 변이의 흔적을 찾고, 이를 통해 종은 고정된 것이 아니라 변화한다는 사실을 밝혔다. 신이 자연을 창조했다면 처음부터 안전해야 하는 깃 아닌가. 하시만 자연에서는 변이가 일어난다. 변이를 일으키는 원리는 '자연선택'이다. 변이가 누적되는 과정에서 생물의 다양성이 표현되는 것이다.

제5장에서 제9장까지 다윈은 학설의 난점을 설명하는 데 초점을 둔다. 이 부분의 내용은 난해한 부분으로 이해가 어렵다. 중요한 내용은 제10장 '생물의 지질학적 천이'와 제11장 '지리적 분포'에 나와 있다. 다윈은 비글호 항해 동안 찰스 라이엘의 《지질학 원론》 첫 번째 권을 읽었다. 항해 당시에는 인지하지 못했지만, 《종의 기원》이 탄생하는 데 이 책이 큰 도움이 됐다. 라이엘은 바람, 물 등이 지층에 조금씩 영향을 미쳐 풍화작용으로 지형이 서서히 변하는데, 이 변화는 아주 오랜 시간이 걸리고 이렇게 긴 시간이 흐른 후 처음의 지형은 완전히 다른 지형이 될 수 있다고 주장했다. 다윈은 만약 생물 종들도 처음에 같은 지역에 사는 같은 종이었더라도 갈라파고스의 핀치새처럼 오랜 시간 바다와 같은 환경 때문에 이동할 수 없어 떨어져 산다면, 각 섬의 다른 환경 때문에 다른 종으로 서서히 변해 갈 것으로 생각했다. 같은 종 내에서 변이가 나타나고 이것이 계속 축적되다 보면 긴 시간 동안 지형이 천천히 변하듯 서서히 다른 종이 출현할 가능성이 있다는 논리였다.

제13장 '생물의 서로 유연·형태학·발생학·흔적기관'에서는 발생학적으로 포유류의 배아 상태는 형태가 거의 유사하지만 완전히 다른 개체로

태어난다는 점을 들어 이것도 진화의 흔적으로 볼 수 있다고 주장했다. 배아 상태에서는 거의 유사한 존재인 인간과 영장류는 조상이 같지만, 진화 과정에서 분화됐다고 볼 수 있다. 자연의 다양한 종들은 신이 처음부터 다른 종으로 고유하게 만든 것이 아니라 공통 조상으로부터 긴 시간 동안 변이를 거듭해 다른 종으로 변화한 것이다. 그는 이를 설명하기 위해 책에 '생명의 나무'라는 삽화를 넣기도 했다. 다윈은《종의 기원》제6판부터 이 과정을 '진화'라는 단어로 설명하기 시작했다.

하지만 그는 공통 조상은 처음에 어떻게 생겨났는지 설명하지 않았다. 우연히 존재가 생겨났다는 것 외에는 어떤 증거도 제시하지 않았다. 이는 지금까지 창조론자들이 진화론을 비판하는 지점이다. 또한, 다윈을 원숭이로 표현한 삽화가 당시에 유행하며 인간이 원숭이를 조상으로 둔다는 오해를 받았고, 윌버포스와 헉슬리 간의 논쟁도 유명하다. 다윈의 진화론은 사회 진화론으로 확대 재생산돼 제국주의를 합리화하는 기제로 작용하기도 했다. 다윈은 생태계에서 진화는 일정한 방향을 갖는 것이 아니라 자연에서 생존하고 번식하려는 속성이 자연선택돼 변이가 일어나고 이것이 변종을 출현시킨다고 믿었다. 사회 진화론처럼 미개와 진보의 개념은 성립하지 않는다.

다윈의 진화론은 무신론에 기초한 현대의 세속 사회 출현에 기여했다. 오늘날 사회는 종교를 중심으로 운영되는 사회가 아니다. 다윈의 진화론이 현대 사회를 이룩하는 데 기여한 점은 아무리 강조해도 모자라다. 하지만 다윈은 《종의 기원》에서 인간에 대한 논의는 거의 하지 않았다. 그것이 인류에 미칠 영향을 고려하면 당연한 처사였다.

《인간의 유래와 성선택》

다윈은 '자연선택'으로는 설명할 수 없는 현상이 생물계에 존재한다는 사실을 알았다. 그래서 《인간의 유래와 성선택》을 저술했다. 여기에서는 다윈의 진화론의 핵심 개념인 '자연선택'과 더불어 '성선택'이라는 개념이 등장한다. '자연선택'은 자연에 적응해 생존과 번식에 적합한 개체들만 살아남아 후손에게 자신의 형질을 물려준다는 원리였다. 하지만 '자연선택' 원리만으로는 설명하지 못하는 사례가 있어, 이를 어떻게 해석해야 할지 몰라 곤란했다. 그래서 고안한 것이 '성선택'이란 개념이었다. 예를 들면, 수컷 공작의 날개는 너무 화려해서 포식자의 눈에 띄기 좋았다. 포식자에게 금방 잡힌다면 '생존 경쟁'에서 살아남을 수 없다. 그러면 '자연선택'을 받지 못한다. 이에 대해 다윈은 생존에 불리하더라도 암컷에게 매력적으로 보여 번식의 기회를 더 많이 얻는다면 결국 수컷 공작새는 후대에 자신의 형질을 전할 수 있을 거라고 생각했다. 즉, '성선택'을 받아 번식할 수 있고 이는 생존으로 이어지는 것이다.

다윈은 인간이 자연에서 차지하는 위치도 고민했다. 인간의 뇌만 봐도 '자연선택' 관점에서 보면 진화의 방향과 역행하는 듯 보이기 때문이다.

인간처럼 큰 뇌를 가진 생물은 '자연선택'으로 설명할 수 없는 무엇이 있다고 생각한 것이다. 또한, 인간의 마음을 '자연선택' 개념으로 어떻게 설명할 수 있겠는가. 이에 대해 다윈은 인간의 큰 뇌와 마음이 구애를 위해 발달했다고 생각했다. 즉, '성선택'을 더 잘 받기 위해 진화했다는 얘기다. 하지만 다윈은 생물 중에서 가장 위대한 존재로 인간을 놓는 창조론의 질서에는 반대했다. 인간은 유인원, 침팬지와 같이 다른 영장류와 공통 조상에서 유래했으므로 생물 중 가장 으뜸가는 존재는 아니라는 것이었다.

《인간과 동물의 감정 표현》

다윈의 인간에 대한 관심은 《인간과 동물의 감정 표현》이라는 책을 통해 더 표출됐다. 다윈은 인간과 동물들은 공통으로 슬픔, 기쁨, 우울, 경멸, 모욕, 자부심, 공포, 수치심 등과 같은 다양한 감정이 존재하며 이들은 서로 비슷한 표정을 갖는다는 점을 발견했다. 그는 인간과 동물의 다양한 감정 표현을 방대한 자료를 토대로 진화론의 근거로 활용했다. 다윈은 이 책에서 인간과 동물의 표정은 후천적으로 학습된 결과로 나타나는 것이 아니라 뇌의 명령을 받은 신경 근육이 자동으로 표정을 움직인다고 주장했다. 인간과 동물이 신에 의해 완전히 다르게 창조된 것이 아니라 유사한 작동 기제를 가진 공통 조상에서 분화한 존재라고 볼 수 있는 지점이다. 다윈은 이 책을 통해 《인간의 유래와 성선택》에서 제시했던 인간의 생물계 내의 지위에 대해 다시 한번 자신의 주장을 확고히 했다.

1. 《종의 기원》에 나온 '자연선택'의 개념을 제1장의 '인위 선택'과 관련지어

설명해 보세요. 4장, 부록 참고

2. 진화론과 창조론의 차이점은 무엇일까요? 4장 참고

3. 맬서스의 《인구론》이 《종의 기원》에 미친 영향을 구체적으로 설명해 보세요.

4장 참고

4. 비글호 항해 중 갈라파고스 제도에서의 탐험이 《종의 기원》 제2장과 제10장,

제11장의 내용에 미친 영향은 무엇일까요? 4장, 부록 참고

5. 다윈이 《인간의 유래와 성선택》에서 얘기한 '성선택' 개념을 수컷 공작새의

날개를 예로 들어 생각해 봅시다. 5장 참고

6. '잃어버린 고리'란 무엇일까요? 4장 참고

1. 다윈은《종의 기원》제1장에서 사육 재배 환경에서 집비둘기를 예로 들어 자신의

   논리를 출발시킨다. 인위적으로 변화시킨 집비둘기들은 외모가 각양각색이라

   도무지 같은 비둘기 종이라는 생각이 들지 않는다. 물론 모든 생물 개체는 같은

   종이라도 형질이 조금씩 차이가 난다. 예를 들면, 아버지와 아들의 외모가 다르고

   성격이 다르면 인간으로서 종이 같아도 형질에서는 차이가 난다고 하는 것이다.

   생물의 모든 개체는 조금씩 형질 차이가 난다. 이것이 눈에 띄게 변화되는 것을

   변이라고 한다. 예를 들면 아버지 대에는 손가락이 5개였는데 아들 대부터 그

   후손들은 전부 손가락이 6개인 경우가 있다고 한다면, 이것은 동종 내에서

   변이가 일어났다고 할 수 있다. 집비둘기들도 외모가 공통점이 없을 만큼 변이가

   일어났다. 인간의 인위적인 선택 때문에 교배해서 나온 결과였다.

   사육 재배 환경에서 인간은 동식물의 형질 중 인위적으로 자신이 원하는 형질을

   선택해 변이를 유발할 수 있는데, 이것을 '인위 선택'이라고 부른다. 다윈은

   자연에서도 변이가 일어나는데, 인간이 '인위 선택'을 통해 집비둘기의 다양한

   종을 만들어 낼 수 있는 것처럼 자연 상태의 생물들 또한 생존과 번식에 적합하게

   변이가 일어날 수 있다고 생각했다. 보통 생물들은 살아남을 수 있는 자손보다

많은 개체 수의 자손을 낳는다. 이들은 자연에서 살아남으려고 경쟁하면서 자신이 속한 기후, 지형, 환경에 맞게 변이가 일어날 수 있다. 생존율과 번식률을 높이기 위해서 자연에 적합한 변이가 일어나는 것이다. 이 과정을 다윈은 '자연으로부터 선택을 받은 것'이라고 해서 '자연선택'이라 명명했다. 다윈은 오늘날 다양한 종이 존재하는 이유는 '자연선택' 원리로 같은 종 안에서 변이가 일어났고, 이 변이가 축적돼 변종이 출현할 수 있기 때문이라고 설명했다. '자연선택' 개념은 다윈의 진화론에서 핵심 개념이다.

2. 창조론은 존재하는 모든 생물 종은 고정돼 있고 변화할 수 없다는 세계관을 말한다. 생물 종이 변화할 수 없는 이유는 신은 완벽한 존재이기에 태초에 생물을 만들 때 그 모습 그대로 지금까지 유지했다는 것이다. 만약 종이 변한다면 그것은 신이 완벽하지 않다는 증거가 될 수 있었다. 서구인들은 5세기부터 천 년이 넘는 중세 기간 기독교의 신이 인간과 자연을 만들었다는 창조론을 굳게 믿었다. 하지만 다윈이 진화론을 방대한 자료를 바탕으로 체계적으로 정리해 발표하자 서구인들의 인식에 큰 변화가 일어났다.

진화론은 종은 고정된 것이 아니라 변화하며 변이를 거듭하다 보면 전혀 다른 종으로 변화될 수 있다고 믿는 세계관이다. 다윈의 진화론은 진화를 시키는 원동력은 '자연선택' 원리라고 주장했다. 인간이 인위 선택을 통해 종을 변화시킬 수 있듯 생존 경쟁을 통해 자연에 살아남으려는 생명체는 자연에 적응하는 과정에서 변이가 일어나는데, 이것은 자연이 자연에 살아남기 적합한 종을 선택하는 것이라고 본 것이다. 변화하는 종을 보면 지금 존재하는 생물들은 신이 만든 것이 아니라 '자연선택' 원리에 의해 생물 스스로 진화한 것이라고 볼 수 있다. 신의 개입 없이도 생물은 존재했고 변화한다는 진화론으로 사람들은 유신론에서 무신론으로 옮겨갔다. 오늘날 사회는 진화론을 바탕으로 한 무신론이 지배하는 사회다. 진화론이 인류의 사고에 끼친 영향은 이렇게 실로 막대하다.

3. 맬서스는 《인구론》을 써서 인류의 식량 위기를 예고했다. 그 이유는 식량은 산술급수적으로 증가하는데, 인구는 기하급수적으로 증가하기 때문이라고 설명했다. 산술급수적으로 증가한다는 의미는 1×2, 2×2, 4×2, 8×2 …… 이렇게 증가하는 것을 말하며, 기하급수적으로 증가한다는 의미는 1×2, 2×2, 4×4, 16×16 …… 이런 식으로 증가하는 것을 말한다. 인구 증가 속도보다 식량 증가 속도가 현저히 느려서 인류는 극심한 생존 경쟁에 직면할 것이라는 진단은

비록 기술의 발달로 식량 문제가 해결돼 사실이 아니라고 판명됐지만, 맬서스가

《인구론》에서 제시한 아이디어는 다윈이 《종의 기원》을 통해 진화론을 제시했을

때 중요한 아이디어로 발전했다. 《종의 기원》 제3장 '생존 경쟁'은 바로 이

《인구론》의 아이디어를 자연 상태에 적용한 것이다. 어릴 때부터 곤충을 관찰해

온 다윈은 곤충들이 태어난 개체 수보다 살아남은 개체 수가 현저히 작다는

사실을 알고 있었다. 생물은 보통 살아남는 자손보다 훨씬 많은 수의 개체를

낳는다. 이 과정에서 생존 경쟁이 일어나고 생존 경쟁에서 살아남은 개체는

적자로서 생존한 것이며, 자연으로부터 선택을 받은 것이다. 《종의 기원》 제3장

'생존 경쟁'과 제4장 '자연선택 또는 적자생존' 분야는 바로 맬서스의 《인구론》의

아이디어를 차용해 나올 수 있었다. 《인구론》은 다윈의 진화론의 핵심 개념인

'자연선택' 원리를 고안하는 데 가장 크게 기여했다.

4. 제2장 '자연 상태에서 발생하는 변이'에서는 같은 핀치새도 부리 모양이 달라

변이가 일어났다는 사실을 알게 됐다. 다윈은 비글호 항해를 마치고 영국으로

돌아와 항해 때 가져온 박제들을 정리했다. 이 과정에서 갈라파고스 제도 19개의

섬에 사는 새들이 겉모습이 현격히 다르지만 모두 핀치새로 같은 종이라는 사실을

알게 됐다. 왜 같은 종인데 부리의 모양이 달랐을까. 갈라파고스 핀치새의 부리는 섬마다 주로 분포하는 먹이가 달라, 새들은 시간이 흐르면서 먹이를 먹기 쉽게 부리 모양이 변한 것임을 알게 됐다. 그 이유로 다윈은 제10장 '생물의 지질학적 전이'와 제11장 '지리적 분포'에서 찰스 라이엘의 《지질학 원리》를 적용해 그 원인을 유추했다. 처음에 같은 지역에 살면서 같은 종이었던 생물은 시간이 지나면서 화산이나 지진을 통해 지각이 갈라지고 바다에 의해 분리되어 다른 지역에 살게 될 수도 있다. 그렇게 지질학적 천이가 나타나면 환경이 변하고 그 과정에서 처음에 같았던 종도 환경에 적응하는 과정에서 변이가 나타나고 변이가 축적되면 변종이 될 수도 있다. 지금 다양한 생물 종들도 처음에는 같은 종이었지만 다양한 지리적 분포로 격리되면 다른 종이 될 수도 있다는 얘기다. '자연선택'의 원리가 지리적 환경에 의해서도 나타날 수 있다.

5. 다윈은 《종의 기원》에서 '자연선택' 원리를 통해 종의 변화 원인을 설명했다. 자연에 선택되려면 생물 각 개체는 포식자들로부터 안전하게 생명을 보존할 수 있어야 했다. 최대한 포식자의 눈에 안 띄어야 안전한 것이다. 그러나 '자연선택' 원리로는 오히려 포식자의 눈에 띄어 공격을 받을 위험이 있는 종들이 존재하는

현상을 설명하기 어려웠다. 예를 들면, 수컷 공작새의 화려한 꼬리는 너무

화려해서 어디서나 눈에 띄었다. 포식자에게 눈에 띌 위험이 아주 컸다. 수컷

공작새는 왜 그렇게 진화한 것일까. 여기에서 다윈은 '성선택' 개념을 제시한다.

이 개념은 《종의 기원》 이후 출간한 《인간의 유래와 성선택》이란 책에 나온다.

생물은 생존도 중요하지만, 번식도 잘해야 자연선택을 받는다. 수컷 공작새의

화려한 꼬리는 암컷들의 주의를 끌어서 짝짓기 할 확률을 높여준다. 즉, 번식에서

아주 유리한 것이다. 다윈은 이것도 '자연선택'의 또 다른 방식이라고 설명하며

'성선택' 원리를 제시했다. '자연선택'과 '성선택'은 다윈의 진화론을 더욱 설득력

있게 만들어 주었다.

6. 다윈은 오늘날의 다양한 생물 종은 공통 조상을 두고 지리적 분포, 기후,

식생 등의 차이로 변이가 일어나 다른 종으로 분화됐다고 얘기한다. 공통

조상에서 갈라져 나온 다양한 생물 종들은 화석을 통해 그 변이 과정을

추적할 수 있다. 화석은 다윈의 진화론을 뒷받침하는 중요한 증거 자료다.

창조론자들은 진화론자들이 화석을 통해 종들의 변이 과정을 추적해 변종이

출현했음을 증명하려는 시도를 소설이라고 비판한다. 화석들이 발견되면 그

화석이 어느 시대에 어느 종에서 갈라져 나온 변종인지 자료가 충분하지 않기

때문이다. 창조론자들은 동종 내에서 변이는 일어날 수 있지만, 다른 종이

나타나지는 않는다고 주장한다. 이에 대해 진화론자들도 창조론자들의 주장을

반박하기 어렵다. 화석이 많이 남아 있지 않기 때문이다. 하지만 시조새의 경우

파충류에서 조류로 넘어가는 변종 과정으로 볼 수 있다. 시조새 화석의 발견으로

진화론자들의 주장이 설득력이 있게 됐다. 하지만 여전히 화석 자료는 부족하다.

'생명의 나무'처럼 한 조상에서 지금의 다양한 생물 종들이 분화돼 나왔다면

그 중간 과정을 보여 주는 화석들이 많이 나와야 하는데 현실은 그렇지 않기

때문이다. 이런 문제를 학자들은 '잃어버린 고리'의 문제라고 얘기한다.